JN200575

Life
Design
Strategy

ライフデザイン白書 2020

人生100年時代の「幸せ戦略」

全国2万人調査からみえる多様なライフデザイン

編　株式会社 第一生命経済研究所
著　宮木由貴子　的場康子　稲垣円

東洋経済新報社

はじめに

　弊社、第一生命経済研究所の前身であるライフデザイン研究所の所長であった故加藤寛慶應義塾大学教授は、同所が設立された30年以上前、すでに「『経済優先から生活重視へ』時代が変わり、これからは『生活の質』を向上させるライフデザイン（生活設計）が重要になる」とずばり看破していました。

　平成から令和時代に入り超長寿化、価値観やライフコースの多様化が進むなか、様々な生活領域で個人が主体的にライフデザインする必要性がさらに増していくでしょう。昭和が同質の価値観で、結婚して子ども2人の人生がモデルと考えられていたライフデザイン1.0時代とすれば、平成は多様化の時代、結婚も独身も選択でき、正規・非正規雇用、女性の就業率向上・働き方改革が進んだライフデザイン2.0の時代でした。

　そして令和は柔軟性をキーワードとして、教育、起業、就業そして副業・兼業などマルチラインの人生を自分なりの順番で選び、またそのやり直しがきくライフデザイン3.0の時代となるでしょう。人生の多様性・柔軟性が増したのは望ましいことですが、社会の不透明感もあって、漠然とした不安を抱く人も多くいます。それゆえ、一人ひとりがプロアクティブに（前もって）ライフデザインするための情報や提言が求められているのです。

　弊社では、1995年から9回、生活者の意識や行動をとらえるための大規模な独自調査を実施し、『ライフデザイン白書』を四半世紀にわたり出版してきています。令和時代のスタートに第10回の節目の出版を行う今回、『人生100年時代の「幸せ戦略」』と題し、生活者一人ひとりがQOL（Quality Of Life＝生活の質）を高め、「幸せ」になるためのライフデザインについて考察しました。

　平成元年からの30年間で平均寿命は男性が5.3年、女性で5.6年延び、高齢化先進国をひた走る日本では、3K（健康・経済・孤立）が長寿社会の不安要素として顕在化しています。

ライフデザイン3.0の時代へ

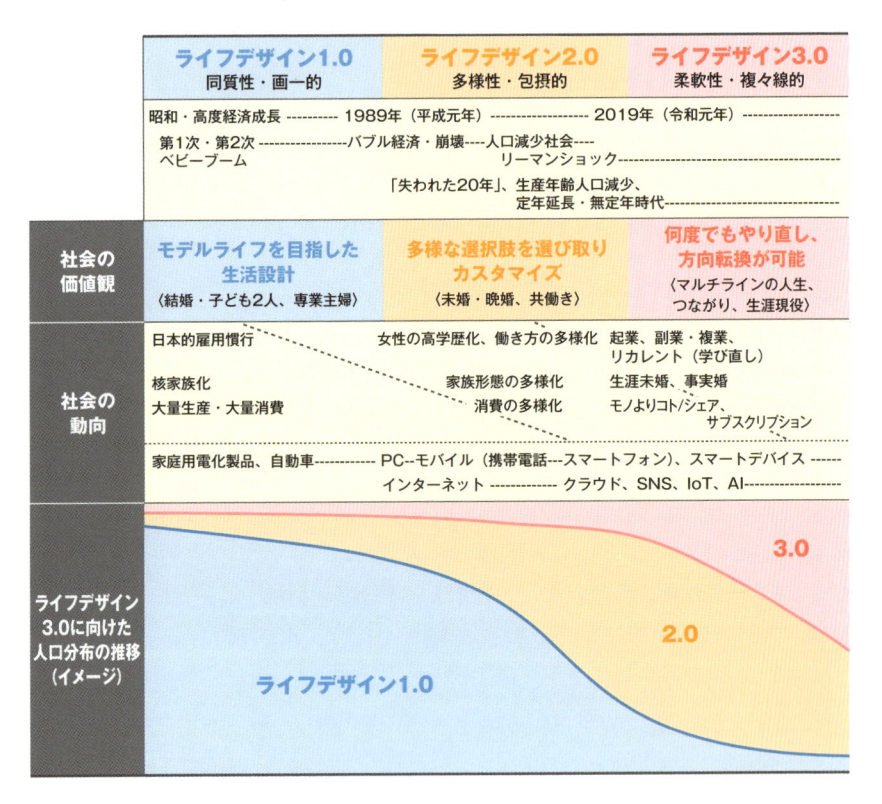

	ライフデザイン1.0 同質性・画一的	ライフデザイン2.0 多様性・包摂的	ライフデザイン3.0 柔軟性・複々線的
	昭和・高度経済成長 ---------- 1989年（平成元年）------------------- 2019年（令和元年）-------------------		
	第1次・第2次 -------------------バブル経済・崩壊----人口減少社会---- ベビーブーム		リーマンショック-------------------
	「失われた20年」、生産年齢人口減少、 定年延長・無定年時代-------------------		
社会の 価値観	モデルライフを目指した 生活設計 〈結婚・子ども2人、専業主婦〉	多様な選択肢を選び取り カスタマイズ 〈未婚・晩婚、共働き〉	何度でもやり直し、 方向転換が可能 〈マルチラインの人生、 つながり、生涯現役〉
社会の 動向	日本的雇用慣行 核家族化 大量生産・大量消費	女性の高学歴化、働き方の多様化 家族形態の多様化 消費の多様化	起業、副業・複業、 リカレント（学び直し） 生涯未婚、事実婚 モノよりコト/シェア、 サブスクリプション
	家庭用電化製品、自動車----------- PC--モバイル（携帯電話---スマートフォン）、スマートデバイス ------ インターネット ------------ クラウド、SNS、IoT、AI-------------------		
ライフデザイン 3.0に向けた 人口分布の推移 （イメージ）	ライフデザイン1.0	2.0	3.0

その不安から脱却するための視点は2つあります。1つは、延びる平均寿命への挑戦です。3Kの1つ、「孤立」の対義語を社会との「つながり」とすれば、自分では決められない「生命寿命」の延びに対して、いつまで人に頼らず自立して生活できるかという「健康寿命」、一生涯にいくらほどのお金を準備する必要があるのかという「資産寿命」、社会や友人とのつながりをいつまで維持できるかという「つながり寿命」の3つの寿命を考え、それら3つの要素を若い頃からバランスよく備えていくことが個人にとっては不安の解消となり、同時に社会的な課題の解決にもつながります。

QOLを高める4つの寿命

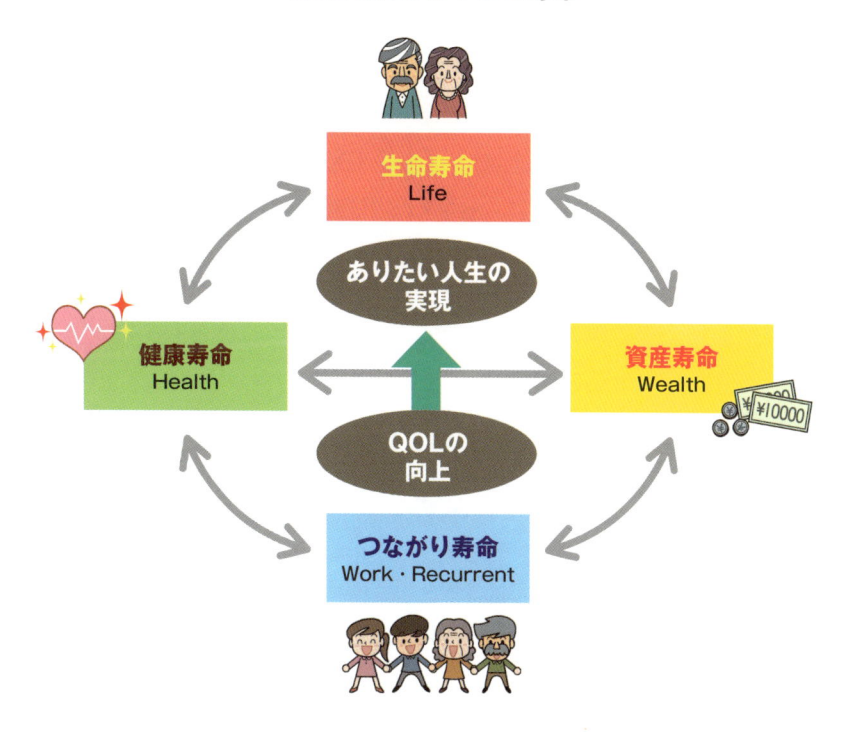

　毎年人間ドックを受診するように、「健康・お金・つながり」の3要素からなる「人生資産」を定期的に見える化して対策する、いわば「ライフデザイン・ドック」がプロアクティブなライフデザインの一歩となり、不安少なく「生命寿命」の延伸に挑戦していく手がかりとなるでしょう。

　もう1つは、自分なりにQOLを高め、自らが望む人生や生き方を実現していくことです。「長寿」は本来喜ばしいことですが、「人生100年時代」と聞くと、その人生の長さと四苦八苦に大きな不安を抱く人もいるでしょう。しかし、人生を長さだけで考えるのではなく、質的な面、すなわち自分なりのQOLを日々ほんの少しずつでも高める行動で、心豊かに幸せを感じながら生きられるのならば、積み重ねとしての「人生100年時代」をポジティブにとらえられるようになるの

ではないでしょうか。

　本書では、「生活の質」＝QOLを高め、「幸せ」に生きるための重要な「人生資産」として、人や社会との「つながり」に注目しました。「つながり」は健康やお金にもよい影響を与える大事なライフデザインの基盤であり、自分なりの「つながり」を構築していく行動が「人生100年時代」を「幸せ」に生きるために大切であると我々は考えています。

　なお、本書では独自調査の結果など、あくまで事実とデータにもとづいて論じてはいますが、ライフデザイン3.0という新しい時代を見通すためにも、様々な事象や意識を大胆に解釈し、思い切って提言しているところも多くあります。本書がきっかけとなって、「人生100年時代」におけるQOL向上、「幸せ戦略」の構築に関する議論が活発化することを期待します。

　与えられた「人生100年時代」を前向きにとらえ、一人ひとりが主体的・能動的にライフデザインを行い、QOLの高い人生を目指すきっかけとして本書がお役に立てば幸いです。

　2019年10月

株式会社　第一生命経済研究所

代表取締役社長　丸野　孝一

目次

序章

人生100年時代と「ライフデザイン3.0」

主席研究員　　宮木　由貴子

1 統一的な価値観のない時代の「幸せ」

「幸せ」って何だっけ

　一昔前、長生きは幸せの代名詞でした。しかし、超高齢化が進む今日の日本は、長く生きることを単純に「幸せだ」と感じることが難しい社会になっています。

　また、どのような人生を歩むのかという点についても、従来は、男性なら大企業に就職して出世したり、高い収入を得て大きな資産をもつこと、女性なら「三高」（高学歴、高収入、高身長）といわれるような条件のよい配偶者と結婚して、たくさんの子どもや孫に恵まれることなどが、典型的な「幸せ」な人生ととらえられてきました。しかしこれらは、今や幸せの必要条件ではなくなっています。

　今、「幸せとは何か」について多くの人が考える時代を迎えています。多様なライフスタイルが認められるようになった今日、幸せの基準も人それぞれとなり、「人生すごろく」のゴールとしての、明確な幸せ像が社会で共有されなくなってきました。こうした時代において、私たちは自らのライフデザイン（人生設計）にあたって見据えるべき通過点や目指すべきゴールを、自分自身で設定していかなくてはなりません。

　これを、「自分自身で設定しなければならない」とネガティブにとらえるか、「自分自身で設定できる」とポジティブにとらえるかによっても、ライフデザインへの向き合い方は異なるでしょう。

　特に、従来のような、皆が理想と思う幸せ像を目指してがんばっていた人にとって、「好きなように幸せのゴールを設定してよい」などといわれることは、これまでの価値観を否定されたように感じるだけでなく、道のないところにいきなり放り出されたような不安感すら覚えるかもしれません。

幸せはあくまで「個人の感じる幸福感」

　そもそも、幸せとは何でしょうか。世の中には、万人に共通する「幸せ」の基準はありません。幸せは、「なるもの」というよりは、あくまで一人ひとりが各々の価値観のもとで「感じるもの」といえるでしょう。本書では、幸せを「個人の感じる幸福感」ととらえています。

　たとえば、お正月に家族が集い和やかに過ごすことに幸せを感じる、また、自分の仕事が社会の役に立ったと実感したときに充実感を感じる、健康のために1日1万歩を歩く目標を1か月続けられて達成感を感じるなど、具体的な行動やポジティブな経験から「嬉しい」「楽しい」といった幸せな感覚を得たことはないでしょうか？　私たちはこれを、様々な出来事から感じる幸せ（Happiness：ハピネス）だと考えます。

　このような幸せを積み重ねることで、その人にとってのQOL（Quality Of Life＝生活の質）は向上し、well-being（ウェル・ビーイング）の状態（身体的・精神的・社会的によい状態であること）に導かれるのではないでしょうか。

　QOLの向上とは、一人ひとりが望む人生や生き方を実現することであり、それが何によってもたらされるかは、それぞれ異なります。だからこそ、自分なりのQOLとは、日々の出来事から「感じる」幸せによって生じるものだといえるのです。

　さらにwell-beingの状態にあれば、以前よりももっと大きな幸せ（Happiness）をもたらすような行動を主体的に起こすことができるでしょう。たとえば、自分の仕事がさらに社会の役に立つよう積極的に外部とつながる、日々の徒歩数と健康関連データをアプリで一括管理することで、さらなる健康増進を図る、などです。

　このように、幸福感は具体的な行動とポジティブ経験という動的（Dynamic：ダイナミック）な要素で構成される「出来事（コト）」と、それらの経験・満足感・結果によるQOLの向上がもたらすwell-beingという静的（Static：スタティック）な「状態」で構成されると考えられます。

　そして、「具体的な行動とポジティブ経験」という動的な部分と、「自分の状

「幸せ」の構造

図0-1

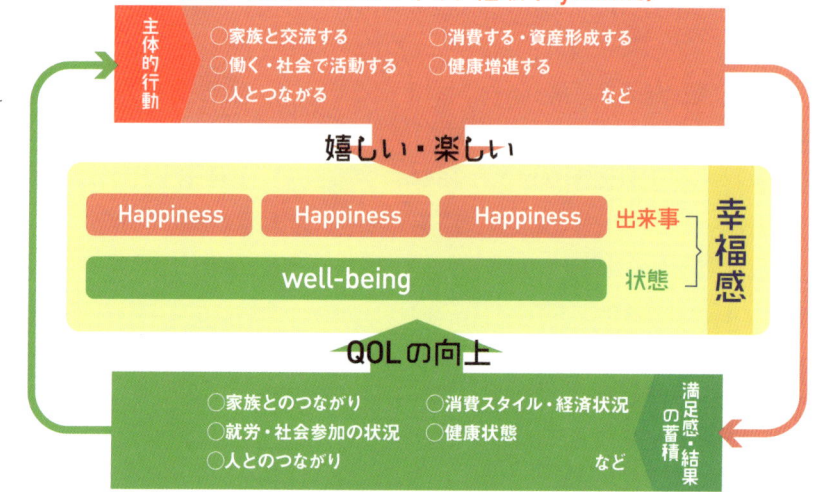

具体的な行動とポジティブ経験（Dynamic）

主体的行動

- ○家族と交流する
- ○働く・社会で活動する
- ○人とつながる
- ○消費する・資産形成する
- ○健康増進する

など

嬉しい・楽しい

Happiness	Happiness	Happiness	出来事	幸福感
well-being			状態	

QOLの向上

- ○家族とのつながり
- ○就労・社会参加の状況
- ○人とのつながり
- ○消費スタイル・経済状況
- ○健康状態

など

満足感・結果の蓄積

自分の状態の維持・改善（Static）

態の維持・改善」という静的な部分が循環することで、幸福感は増幅されます。つまり、行動することによってもたらされる楽しい「コト」が幸せな「状態」をつくり、幸せな「状態」が新たに楽しい「コト」を生み出すという好循環が、幸福感のある人生をもたらすのです。

2 「幸福」の自覚度合い ―幸福度得点―

自分はどの程度、幸せだと思うか

　実際に、人々はどの程度「幸せ」と感じているのでしょうか。私たちは全国の男女約2万人を対象に調査を行い、「とても幸せ」を10点、「とても不幸」を0点として回答してもらい、主観的な幸福感を把握するべく幸福度得点を作成しました。

　その結果、幸福度得点の平均点は全体で6.09点となりました。全体的に男性より女性で高く、年代別では60代、18～19歳の順で高くなっています。20代になると幸福度得点は急に下がり、30代でいったん上がるものの40代でまた低くなり、60代で急に高くなる傾向がみられます。

幸福度得点の平均点　　図0-2

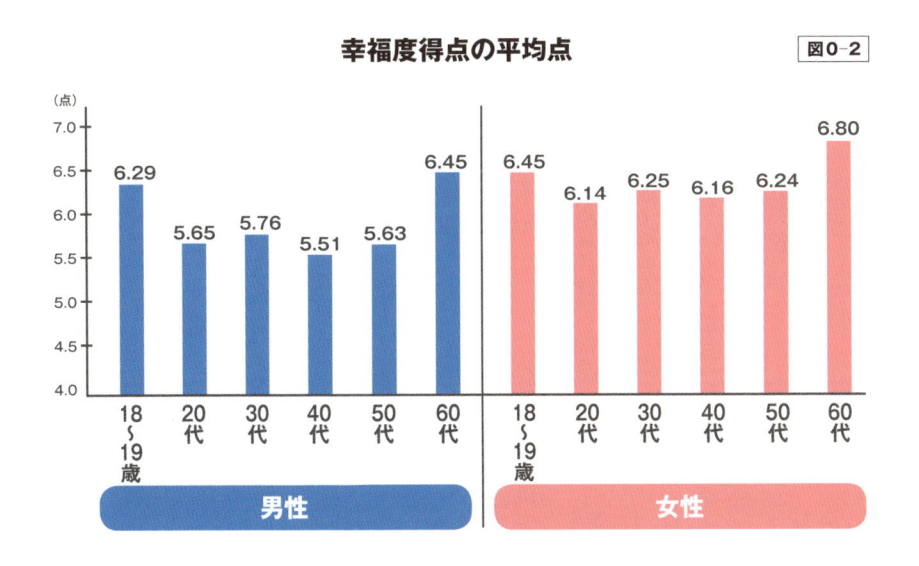

幸福度得点には属性や収入が関連

　幸福度得点には、前記のような性別・年代別の特徴以外にもいくつかの傾向がみられます。たとえば幸福度得点の平均点が高い傾向があるのは未婚者より既婚者、配偶者と離婚した人より死別した人、子どもがいない人よりいる人、などです。また、幸福度得点が高い人では収入が高い傾向もみられます。

幸福度得点に「気持ち」や「つながり」が大きく影響?

　しかし、こうした属性や収入の差以上に平均点に差がみられるものがあります。たとえば、「精神的ゆとり」「時間的ゆとり」「経済的ゆとり」に関する自己評価です。特に差が大きかったのは精神的ゆとりで、「ゆとりあり」の人では幸福度得点の平均点が6.95と7点に近いのに対し、「ゆとりなし」の人では4.91点となっていました。

ゆとり感・近所づきあいと幸福度得点の平均点　　図0-3

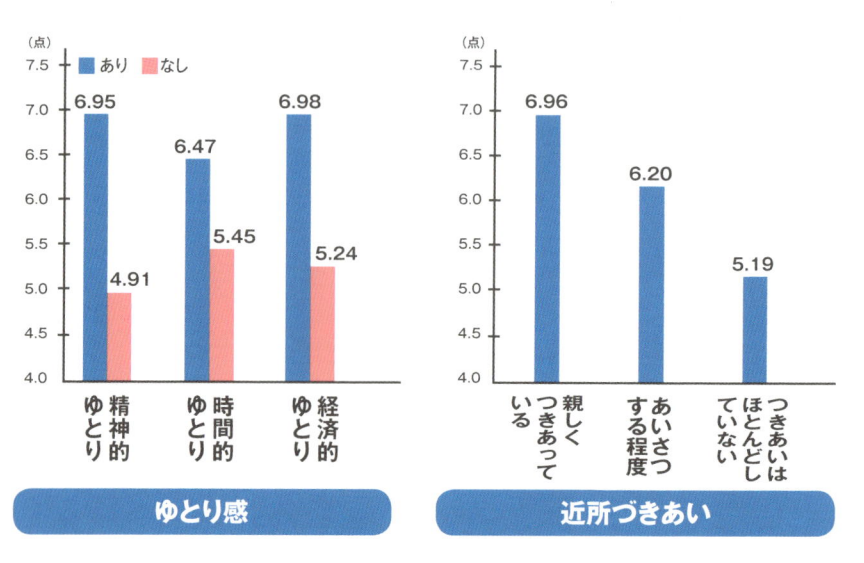

また、近所づきあいと幸福度得点の平均点を比較しても、近所の人たちとつきあいがあるほど、平均点が高い傾向がみられます。他の項目の分析からも、周囲の人とつながりがあったり、コミュニケーションの状況がよかったりする人に幸福度得点が高い傾向がみられます。

　このように、属性やライフステージなどの状態・状況も多分に幸福感に影響するものの、自分自身の身の置き方・とらえ方や人とのつながりなどのほうがより影響が大きく、重要な要素であるといえそうです。これは、自分の生き方や姿勢次第で十分に幸福感を上げられる可能性を示唆している、といってよいのではないでしょうか。

　幸福度得点と、生活の領域ごとの関係については、次章以降で考察します。なお、分析においては、幸福度得点の平均値のほか、得点を「高位（8－10点）」「中位（5-7点）」「低位（0-4点）」に3区分したものを使用しています。また、以降の分析における「全体値」は特段の記載がない限り、18～69歳の結果を指しています。

3 「人生100年時代」は どのくらいリアルなのか

延びた生命寿命

今日、我が国では「人生100年時代」を見据えて生活意識や行動を考える必要があるといわれています。

日本人の平均寿命（2017年）は男性81.09歳、女性87.26歳で、「人生100年時代」はまだまだ先と感じる人も多いかもしれません。しかし、現在60歳男性の平均余命は23.72年、つまり寿命は83.72歳で、60歳女性では

平均寿命と死亡年齢分布 図0-4

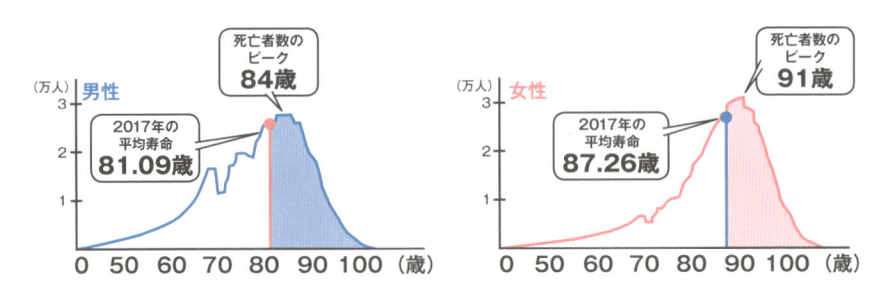

60歳男女および夫婦の生存確率 図0-5

年齢	60歳男性	60歳女性	60歳夫婦（※）
85歳	49.96%	72.48%	86.23%
90歳	27.78%	52.17%	65.46%
95歳	9.83%	26.56%	33.79%
99歳	2.54%	9.86%	12.15%
100歳	1.63%	7.12%	8.64%

※夫婦のうち最低1人が生存する確率。
資料：厚生労働省「平成29年簡易生命表」をもとに作成

88.97歳となります。

　さらに、最も多くの人が亡くなる年齢は男性84歳、女性91歳で、生存確率をみると、現在60歳男性の場合、4人に1人が90歳まで、10人に1人は95歳まで生きる計算になります。一方、現在60歳の女性は、4人に1人が95歳まで、10人に1人は99歳まで生きることになり、さらに長生きです。

　このように、実は「人生100年時代」はかなり近くに迫ってきていることがわかります。

　このようななか、すべての人が寿命を全うするまでQOLを維持し、幸せな状態で過ごしているわけではありません。長くなった生命寿命を「寿」として生きるには、自らのライフデザインに沿って自分でできる準備を行い、さらに戦略的に「幸せ」に生きることを意識する必要があるのです。

「おばあさんの時代」が来る!?

　1960年代には全国で100人台だった100歳以上の高齢者は、現在7万人以上まで増えましたが、実はその9割近くは女性です。国立社会保障・人口問題研究所の将来推計人口によれば100歳以上の人口は2025年には13万3,000人、2045年には38万人、2065年には54万7,000人になると推計されています。現状の男女比で考えると、「おばあさんの時代」が来るといっても過言ではないでしょう。

100歳以上の高齢者の人口推移　図0-6

凡例：男性（青）、女性（赤）

1965年	
1970年	
1975年	
1980年	
1985年	
1990年	
1995年	
2000年	
2005年	
2010年	
2015年	
2017年	
2018年	
2019年	男性8,464／女性62,810／合計71,274

横軸：0　2　4　6　8（万人）

資料：厚生労働省データより作成

長寿化に向けて何を準備すべきなのか

　「人生100年時代」を幸せに生きていくためには、生命寿命に加え、「健康寿命」「資産寿命」「つながり寿命」を合わせた「4つの寿命」を延ばしていく必要があるといえます。ここからは、長くなった生命寿命を支えるための3つの人生資産について考えていきましょう。

　たとえば健康についてみると、健康上の問題で日常生活が制限されることなく生活できる期間である健康寿命は、2016年に男性72.14年、女性74.79年となっており、平均寿命と健康寿命には10年前後のギャップがあるのが実態です。つまり、人生の終盤10年は多くの人にとって「健康に恵まれない時間」となる可能性があることになります。

　また、100歳まで生活するための収入や蓄えをいかに準備するかという課題もあります。

　さらに、長寿化によって配偶者を失った人が一人暮らしとなるケースも含め、単身世帯が増えています。男性を中心に地域とのつながりをもたない人も多く、誰にも気づかれずに亡くなる「孤独死」の増加も懸念されます。

　これらの点から、「健康」「お金」「つながり」の3つの人生資産をしっかり確保する必要があるといえます。

4 「漠然とした不安」の正体は人生資産不足

将来の不安の中身を具体的に自覚しているか

「人生100年時代」の到来と聞くと、「そんなに長く生きていたくない」「100歳までの生活を支えられるか不安」という声を聞きます。長生きは人類の長年の夢であり、100年も生きられるようになった「長寿」の時代は、文字どおりめでたい時代のはずです。しかし、これをポジティブな響きで受け止めている人ばかりではありません。

「将来や老後が不安ですか」と問われれば、多くの人が「なんとなく不安」と答えるでしょう。健康でいられるのか、自分の老後の生活費はどのくらいでどの程度年金でまかなえるのか、家族や人とのつながりは……などです。

長い人生において先が不透明なのは当たり前で、不安を覚えるのも当然です。「これさえやっておけば・この程度準備しておけば」健康、お金、つながりにおいて万全、という基準はありません。

どんなに健康に気をつけて身体を鍛えていても、病気になるときはあります。お金をいくら貯めたとしても、よほどの額でない限り、経済的な不安が完全に消えることはないでしょう。どんなにたくさんの人とつながっていたとしても、いざというときに駆けつけてくれて、本気で助けてくれる人はどのくらいいるでしょうか。

幸福のゴールがないのと同様に、不安を完全に解消できる備えのゴールもありません。目指すべき不安解消のゴールが見えないせいか、「不安だ、不安だ」という割に、実は多くの人は現在の健康状態から予測される健康リスクや、年金の受給見込み額などをきちんと把握していないようです。また、地域の助けあいなども将来的には必要だと頭のどこかで考えつつ、実際にそれを視野に入れたつきあいをしている人はどれだけいるでしょうか。

このように、自分の置かれた事実にもとづかない「イメージ」によって、漠然

と自分の将来に不安を感じている人が多いのが現状です。

　では、人々は「健康」「お金」「つながり」という3つの人生資産に対する不安を、どのようにとらえているのでしょうか。

健康面・介護面への大きな不安

　今感じている不安の内容を具体的にみると、健康面・介護面への不安がやはり大きいようです。男性よりも女性の不安が高く、「家族の介護」と「自分の健康」については男女ともに50代をピークとするカーブを描いています。特に家族の介護については50代の女性で最も高く、自分の健康への不安を上回っています。

健康面・介護面での不安がある人の割合　図0-7

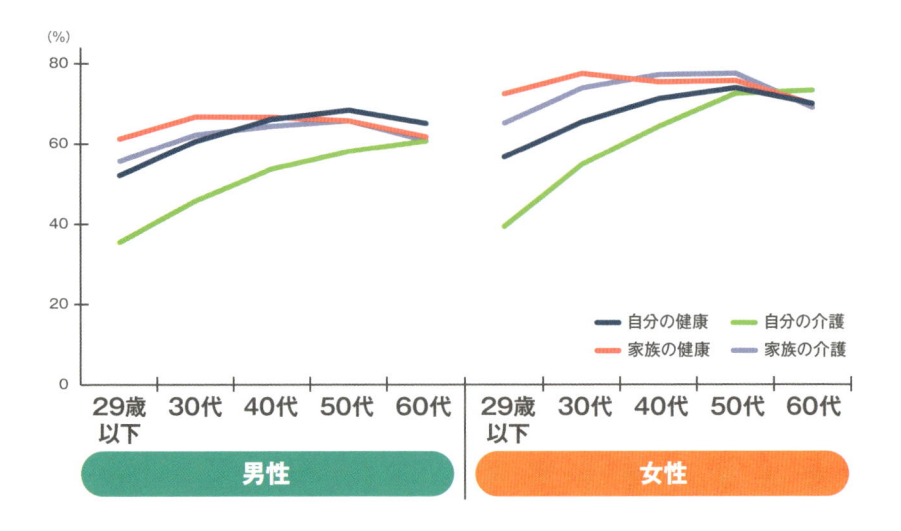

経済面の不安──働き盛り世代で高い

　経済的な不安も高くなっています。性別・年代別にみると、子どもの教育費負担を除き、働き盛りの年代で特に不安が高いことがわかります。

　ここでも全体的に女性のほうが高くなっています。また、「老後に必要な生活費用」への不安をみると、女性30代、40代で8割以上、男性でも30代、40代、50代で7割前後に至っています。人生100年の半分にも満たない、まだまだこれから、という世代にもかかわらず、これほど老後の生活費用の心配をしている社会であるというのが現状です。

経済面での不安がある人の割合 　図0-8

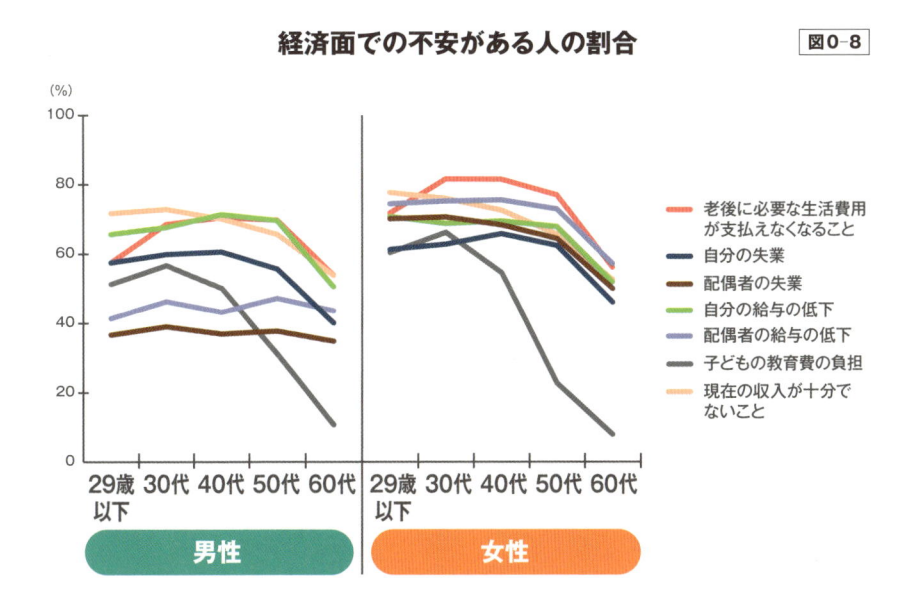

つながり面の不安——「一人暮らし」の可能性

　一方、つながり面での不安として顕著なのは、女性の40代をピークとする「一人暮らしであること」への不安です。経済的な老後不安に加え、一人暮らしによる不安もある40代女性。また、「自分が結婚しないこと」への不安が高いのは30代女性となっています。

　上の年代からすればまだまだいろいろなことにチャレンジできる年代にみえるでしょうが、30代、40代女性の社会的・心理的重圧はかなりのようです。

　一方で、「一人暮らしになること」への不安は、男性は50代、女性は40代から高くなっています。配偶者との死別後の生活への不安意識の表れでしょうか。

つながり面での不安がある人の割合 　図0-9

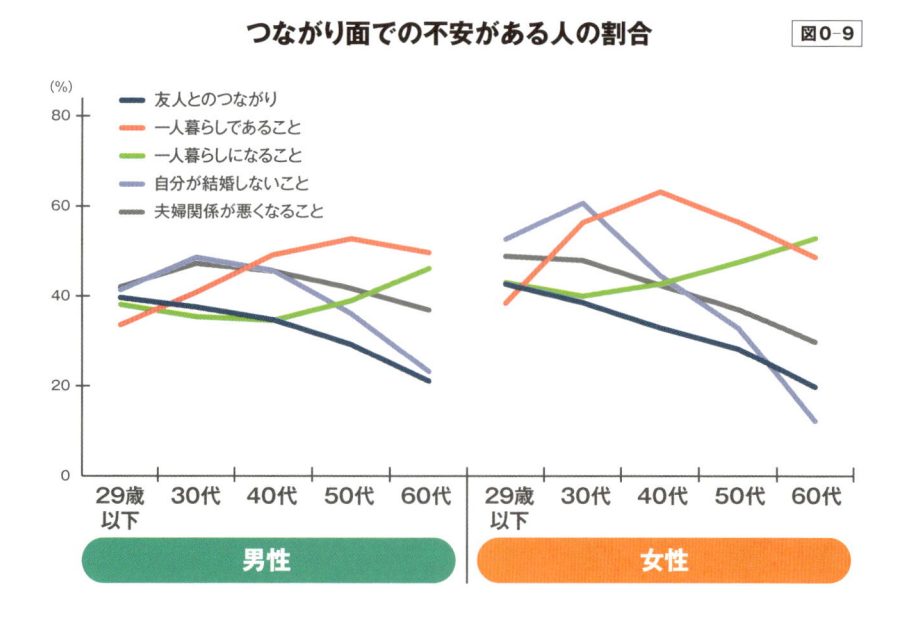

5 「健康」「お金」「つながり」という人生資産

生命寿命を支える「健康」「お金」「つながり」

　私たちの人生は、心身の「健康」のみならず、日々の生活や老後を経済的に支える「お金」、そして人とのネットワークである「つながり」といったものに支えられています。

　生命寿命をコマの軸と考えると、「人生100年時代」の到来といわれるように、軸がますます長くなる傾向にあるため、コマ本体の表面積が変わらなければ回転は不安定になっていきます。自分では決められない生命寿命、つまり軸が伸びていくコマを支えるためには、軸を回転させているコマ本体の表面積を拡大する、すなわち「健康」「お金」「つながり」という人生資産を積極的に拡げていくことが必要になります。

生命寿命を支える３つの人生資産　図0-10

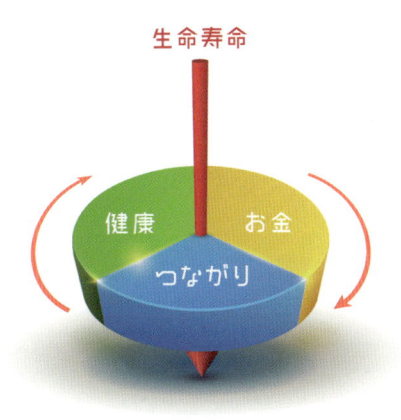

軸が長くなる（寿命が延びる）ことで
回転が不安定となる

↓

回転盤を拡げる（3つの人生資産を
充実させる）ことで安定する

コマの回転を支える3つの人生資産は、それぞれがバランスよく十分にあることが理想ではあるものの、一人ひとり置かれた状況は異なるので、その構成も多様です。ただ、それぞれの人生資産はお互いに補完しあうことが期待できます。

　たとえば、蓄えの不十分な人が健康な身体を活かして高齢期も就労することで収入を得たり（お金の不足を健康で補塡）、自由に外出できなくても友人とコミュニケーションをとることで楽しむ（健康の不足をつながりで補塡）、というようなケースです。

　特に、健康やお金に関しては、加齢によって維持・改善が難しい側面もあり、拡げるといっても限界がある点は否めません。しかし、つながりについては、家族面や就労面、社会参加の面など、様々な領域で確保できる上に、何歳になっても、いつからでも新しくつくり出すことが期待できる人生資産といえます。

　さらに、幸福感が「嬉しい」「楽しい」といったその時どきの動的（Dynamic）な要素と、自分の「状態」という静的（Static）な要素の循環で増幅されるように、これらの人生資産もまた循環で増幅する可能性があります。たとえば、お金を増やすために働いたら、人とのつながりがたくさんできて、健康面でもよい影響が出た、という具合です。

　このように、私たちは個人個人の事情や制約があるなかで、それぞれの人生資産を最大限にしようと努力しつつ、足りない部分を補完するような組み合わせ（ポートフォリオ）をつくり出すことで、日々の幸福感を高めるための「動力」を確保・維持できるのです。

6 つながりの ポートフォリオ

誰とどんなつながりをもつか

　人は日々の暮らしにおいて、たくさんの人とのつながりのなかで生きています。日常生活の様々なやりとりのほか、気づかいや共感、感情の共有など、心理的・情緒的な側面でも互いに支えあっています。しかし、それを日々の暮らしのなかで見つめ直したり考えたりする機会は、あまりないのではないでしょうか。

　具体的に、人はどのようなつながりを誰ともっているのでしょうか。ここではつながりを大きく2つに分けてみています。1つは自分に対する受容や共感といった「情緒的つながり」、もう1つはトラブル対処や手助けなどの「手段的つながり」です。

女性の多様なつながりと、中年男性の残念なつながり

　つながりの種類とつながる相手の多様性について実態をみてみます。図0−11は、つながりの種類（健康を気づかってくれる、一緒に余暇や休日を楽しむといった「情緒的つながり」と、病気で寝込んだときなどに手伝ってくれる、身辺のトラブルを一緒に解決してくれるといった「手段的つながり」）ごとに、どのようなつながりの相手がいるか（家族、仕事関係、近所の人、友人、趣味のグループなど）をあげてもらい、集計した結果です。

　全体的に、母親・配偶者といった項目をあげる人が多いことがわかります。父親の出番が極めて少なく、「いざというときにお金の援助をしてくれる人」においてのみ、1位「母親」、2位「誰もいない」に次いで、3位に「父親」となっていました。

　なお、このデータはつながりの種類と相手の多様性を定量化したものです。

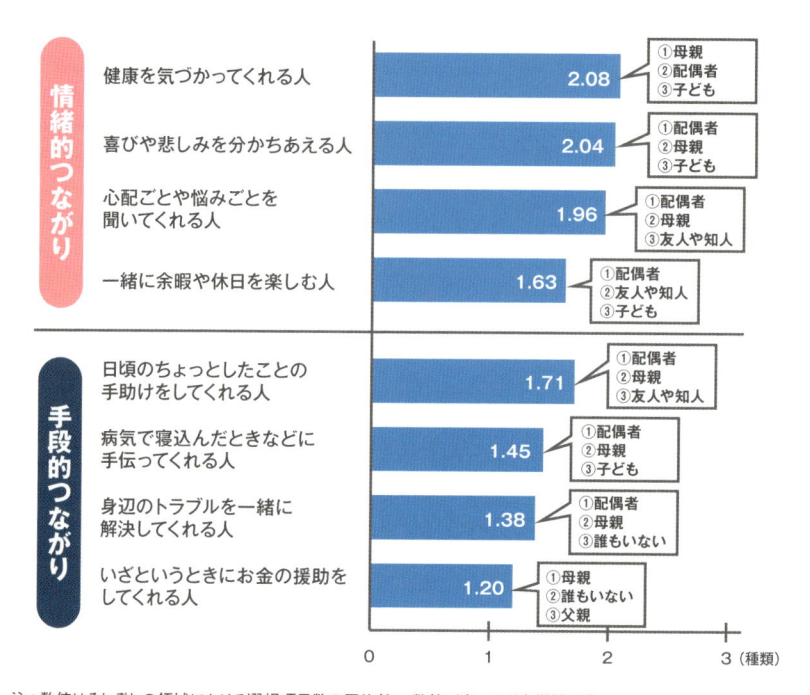

つながりの多様性

図0-11

情緒的つながり

健康を気づかってくれる人 — 2.08
①母親 ②配偶者 ③子ども

喜びや悲しみを分かちあえる人 — 2.04
①配偶者 ②母親 ③子ども

心配ごとや悩みごとを聞いてくれる人 — 1.96
①配偶者 ②母親 ③友人や知人

一緒に余暇や休日を楽しむ人 — 1.63
①配偶者 ②友人や知人 ③子ども

手段的つながり

日頃のちょっとしたことの手助けをしてくれる人 — 1.71
①配偶者 ②母親 ③友人や知人

病気で寝込んだときなどに手伝ってくれる人 — 1.45
①配偶者 ②母親 ③子ども

身辺のトラブルを一緒に解決してくれる人 — 1.38
①配偶者 ②母親 ③誰もいない

いざというときにお金の援助をしてくれる人 — 1.20
①母親 ②誰もいない ③父親

0　1　2　3（種類）

注：数値はそれぞれの領域における選択項目数の平均値。数値が高いほど多様性が高い。

したがって、つながっている相手の人数やつながりの深さを計測したものではありません。この点については、今後、深掘りをしていきたいと考えています。

　性・年代別にみると、全体的に男性よりも女性のほうがより多様なつながりをもっていることがわかります（図0-12）。そして、男女ともに年代が上がるにつれて多様性が下がっていく傾向にあります。それでも、「情緒的つながり」「手段的つながり」のいずれにおいても、男性で最も多様な20代、30代より、50代、60代の女性のほうが多様なつながりをもっています。

　20代、30代の女性が最も多様なつながりをもつ一方、多様性が最低なのは50代男性となっています（若年女性のつながりについては、第3章で詳しく

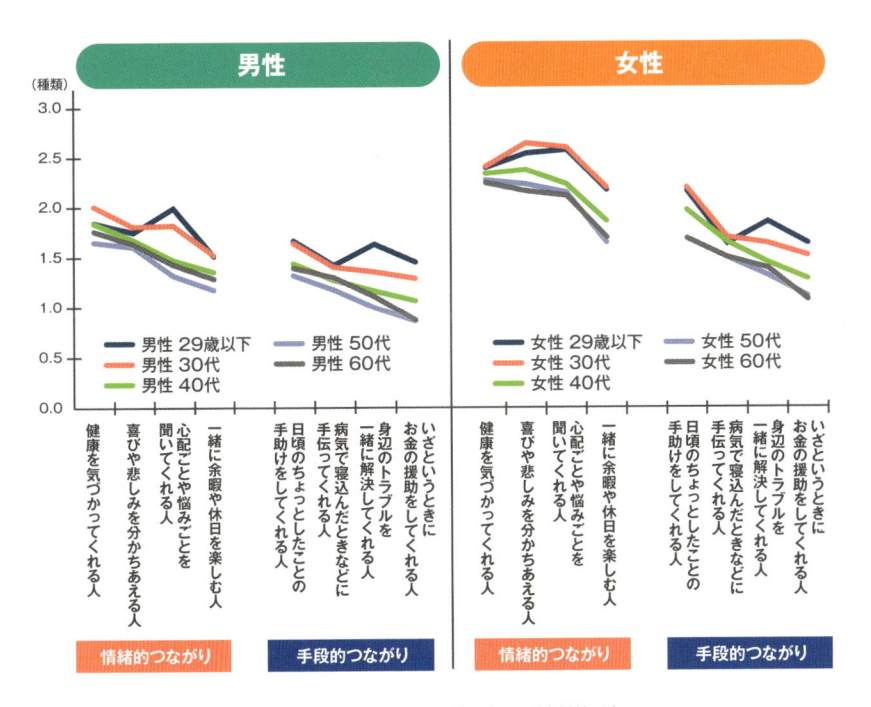

つながりの多様性（性・年代別） 図0-12

注：数値はそれぞれの領域における選択項目数の平均値。数値が高いほど多様性が高い。

述べます）。男性は60代で少し多様性を取り戻しますが、いずれにせよ40代以降の中年男性のつながりの多様性の低さは、「人生100年時代」を幸せに生きるためのライフデザインを再構築する上で、解決すべき課題といえるでしょう（この点も第3章で改めて述べます）。

つながりと幸福感

つながりがあることは、幸福感の高さとどのように関連があるのでしょうか。これについて、情緒的つながり・手段的つながりそれぞれの多様性と幸福感との

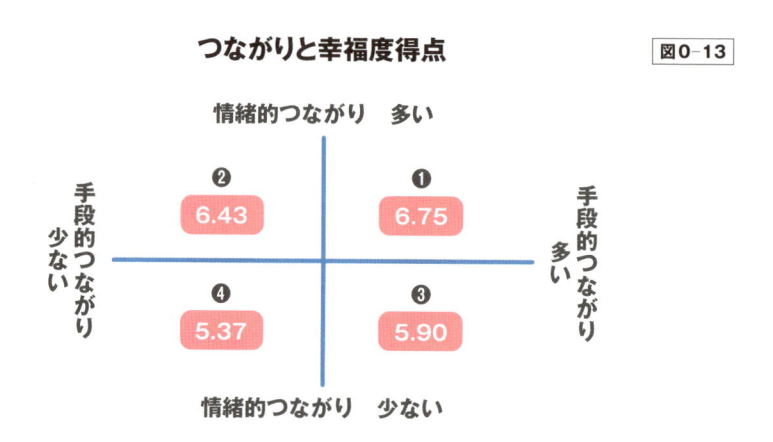

つながりと幸福度得点　図0-13

注:「情緒的つながり」「手段的つながり」の多様性の結果について、それぞれ等分に近くなるよう「多群」「少群」に分け、それぞれのブロックごとの幸福度得点の平均値を比べた。

関係をみてみました。

　その結果、情緒的つながり・手段的つながりがともに多い人では幸福度得点が6.75となっていたのに対し、両者ともに少ない人では5.37と、大きな差がみられることが明らかとなりました。

　また、情緒的つながりが多くて手段的つながりが少ない人と、情緒的つながりが少なくて手段的つながりが多い人を比べると、情緒的つながりが多い人で幸福度得点が高いことも確認されました。自分に対する受容や共感といった情緒的つながりがあることは、人の幸せにとって重要な要素となっていることがうかがえる結果です。

　いずれにせよ、自分自身のつながりの状況、いわば「つながりのポートフォリオ」を意識し、できるだけ多様な相手とのつながりを確保していくことが重要です。

つながりの種類と属性

　さらに、性別にみると、女性では情緒的つながり・手段的つながりがともに

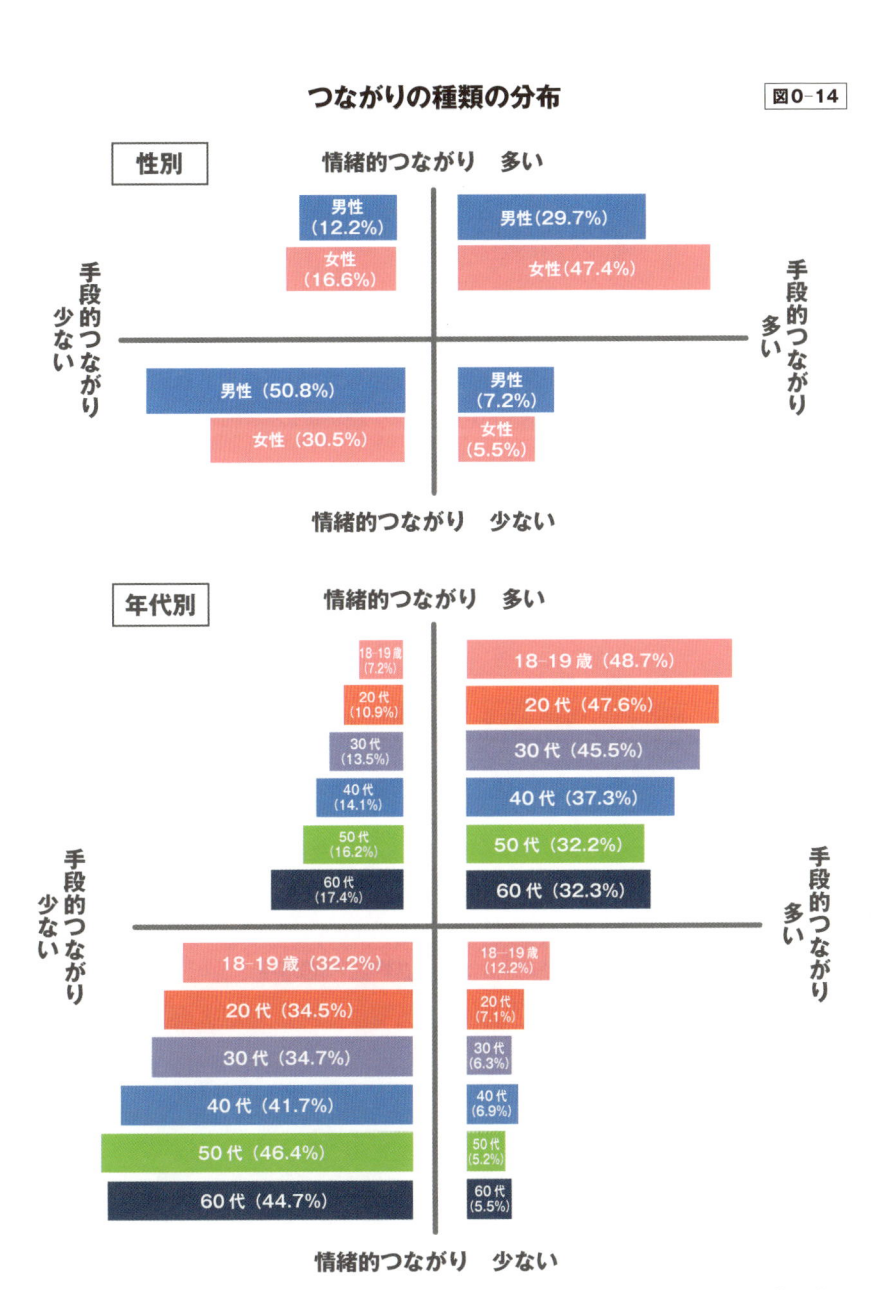

つながりの種類の分布

図0-14

性別

情緒的つながり　多い

男性（12.2%）　男性（29.7%）
女性（16.6%）　女性（47.4%）

手段的つながり　少ない　　　　手段的つながり　多い

男性（50.8%）　男性（7.2%）
女性（30.5%）　女性（5.5%）

情緒的つながり　少ない

年代別

情緒的つながり　多い

18-19歳（7.2%）　　18-19歳（48.7%）
20代（10.9%）　　　20代（47.6%）
30代（13.5%）　　　30代（45.5%）
40代（14.1%）　　　40代（37.3%）
50代（16.2%）　　　50代（32.2%）
60代（17.4%）　　　60代（32.3%）

手段的つながり　少ない　　　　手段的つながり　多い

18-19歳（32.2%）　18-19歳（12.2%）
20代（34.5%）　　　20代（7.1%）
30代（34.7%）　　　30代（6.3%）
40代（41.7%）　　　40代（6.9%）
50代（46.4%）　　　50代（5.2%）
60代（44.7%）　　　60代（5.5%）

情緒的つながり　少ない

注：「情緒的つながり」「手段的つながり」の多様性の結果について、それぞれ等分に近くなるよう「多群」「少群」に分け、それぞれのブロックごとの幸福度得点の平均値を比べた。

多い人が半数近くいるのに対し、男性は30%弱となっています。男性は両つながりともに少ない人が、過半数を占めているのが実態です。

　年代別の傾向としては、年代が高くなるにつれて情緒的つながり・手段的つながりがともに多い人が減少する傾向がみられます。特に男性の場合、高齢期のつながりを課題として受け止める必要がありそうです。

特に「母親」が オレオレ詐欺に注意すべき根拠

　「いざというときにお金の援助をしてくれる人は誰か」と尋ねると、最も多いのが「母親」となっています。男性は40代まで、女性は50代まで「母親」をあげる人が最も多いとの結果になりました。

　この実態が、「母さん、会社の金を使い込んだのがバレた」「母さん、交通事故を起こして示談金が必要」という文句でお金が動く状況をつくり出すようです。

　母親に頼る割合は男性より女性のほうが高いのですが、母娘は普段からコミュニケーションを密にとっていることが多く、「母さん、アタシ」と電話をしても声でわかる上に、互いの状況を把握しているケースも多いのでしょう。

　「普段あまりコミュニケーションがないにもかかわらず、とっさのときに頼ってきた息子」という状況が最も危ないといえます。

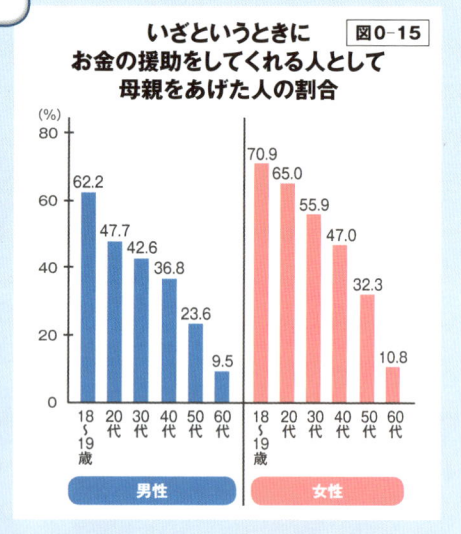

いざというときに お金の援助をしてくれる人として 母親をあげた人の割合　図0-15

（男性）18〜19歳 62.2、20代 47.7、30代 42.6、40代 36.8、50代 23.6、60代 9.5

（女性）18〜19歳 70.9、20代 65.0、30代 55.9、40代 47.0、50代 32.3、60代 10.8

7 令和の時代は 「ライフデザイン3.0」

人生にもライフデザインにも絶対的な「正解」はない

　「健康」「お金」「つながり」という3つの人生資産に不足があるのなら、今後、それらをしっかり備えていく必要があります。しかし、実際にどのような形でどの程度確保するかは、個人ごとに異なっています。

　私たちは、性別や年代の違いのほか、家族形態や住まい方、住んでいる地域、職業や収入、未既婚、子どもの有無や人数、健康状態など、異なるライフスタイルをもっています。また、生き方・暮らし方に関する価値観も一人ひとり異なります。

　「20代で結婚して妻は専業主婦、子どもが2人いる4人家族」といったような、典型的な家族像を想定したライフデザインを描き、同質的な生き方が目指されたのが「昭和」の時代（ライフデザイン1.0時代）だとすれば、「平成」（ライフデザイン2.0時代）は、価値観の多様化を受け、個人ごとにカスタマイズされたライフデザインが提唱された時代でした。また、様々な生き方・暮らし方を相互に受け入れる、包摂的な、いわばダイバーシティ&インクルージョンの時代でもありました。

　では、「令和」の時代のライフデザイン（ライフデザイン3.0時代）とはどのようなものなのでしょうか。それは、自分が望む人生を実現するために、何度でもやり直し、方向転換が可能な、柔軟でレジリエンス（回復力・復元力）の高いライフデザインの時代だと考えられます。

　今後は、副業・複業やリカレント教育（学び直し）によるマルチラインの、複々線的な人生を前提に、個人が様々な人や社会とつながりをもちながら、一生涯にわたって、自分の望む人生を追求していく時代になるのではないでしょうか。

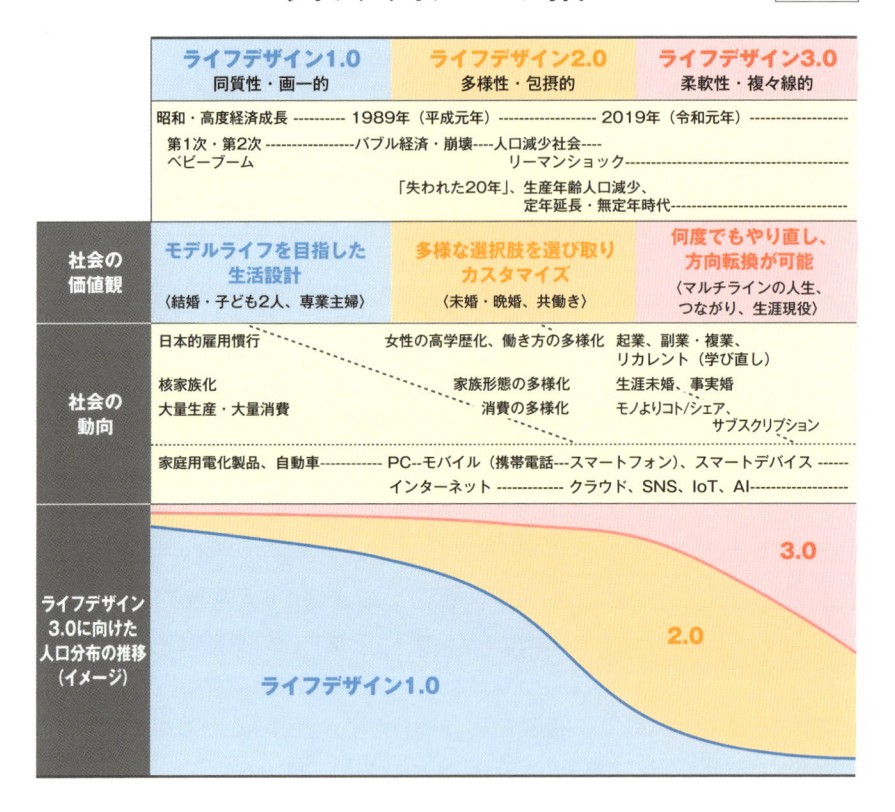

ライフデザイン3.0の時代へ　　　　　　図0-16

そのような時代においては、社会に対して漠然と不安を感じながら受身的に社会の変化をとらえ、ゴールのない備えを際限なく考えることは、望ましいライフデザインといえません。まずは「こうありたい未来」を想像し、その実現に必要なことを考えて社会や生活をデザインし、他者とつながりながらともに創造していく「共創社会」の発想が求められます。

狩猟社会→農耕社会→工業社会→情報社会、その次に到来するSociety5.0は「創造社会」ともいわれ、AI（Artificial Intelligence：人工知能）を中心とした高度なテクノロジーによるスマート社会を目指しつつ、改めて

社会の変化

図0-17

Society1.0 → Society5.0

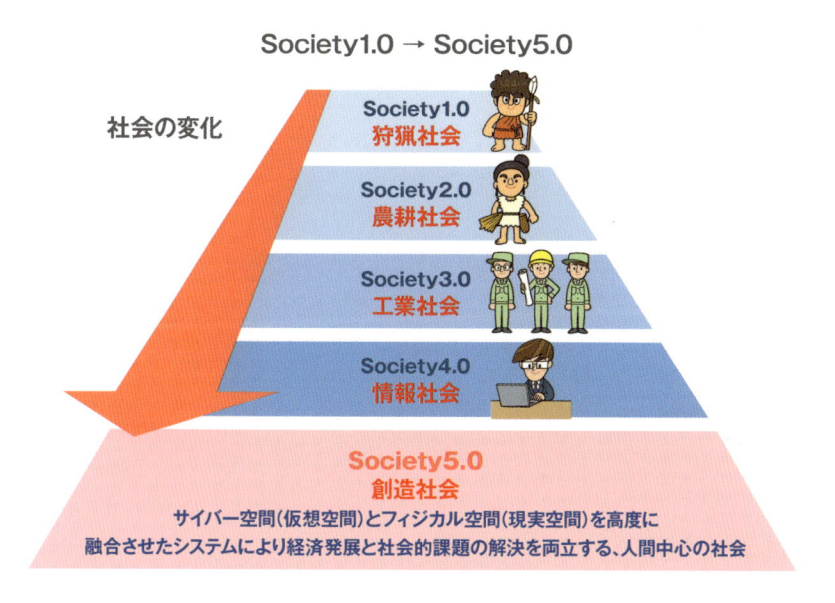

社会の変化

Society1.0
狩猟社会

Society2.0
農耕社会

Society3.0
工業社会

Society4.0
情報社会

Society5.0
創造社会
サイバー空間（仮想空間）とフィジカル空間（現実空間）を高度に
融合させたシステムにより経済発展と社会的課題の解決を両立する、人間中心の社会

人間を中心に見据えてその幸せについて考える時代とされています。

　この時代において重要なのは、時代に流されずに自分自身の望む未来を描き、そのために必要な行動をポジティブに選び取っていくことではないでしょうか。

全国2万人調査からヒントを探る

　人生が100年あるとすれば、その間に社会の様々なものが変化することは必至です。それに伴って私たちは学び、常に変化することが求められるでしょう。それと同時に、私たちは未来や社会を「変えていく」側でもあるのです。

　もちろん、備えは不可欠です。しかしその備えは、ポジティブで共創性のある人生や社会の創造を支えるためのものであり、「とりあえず100年の人生をどうにか乗り切る」ためのものではないはずです。

本書は、「令和」という新しい時代を迎え、全国の約2万人を対象に実施したオリジナルアンケートのデータをもとに、これからのライフデザインを考えていくにあたって必要な情報やヒントを、生活の各領域に対して提案していくことを目的としています。

　本書を手に取ってくださったことをきっかけに、ご自身のライフデザインについて改めて考えていただけたら幸いです。

第1章

幸せな「家族」戦略

主席研究員　的場　康子

QOLを向上させて幸せになるためのライフデザインには、「健康」「お金」「つながり」という3つの人生資産を充実させていくことが必要です。そのなかでも、これからの「人生100年時代」において、「つながり」の重要性はいっそう増していくことでしょう。

　そこで最初に、「つながり」について考えていきます。人との「つながり」には、「家族」「仕事」「地域社会」など様々な局面がありますが、まず「家族」のつながりについてみてみましょう。

1 結婚で大切なのは？

結婚するかしないかは自分が決める

　価値観の多様化などにより、「結婚」をしない人生を歩む人も多くなっています。恋人・パートナーを必要とせず、恋人・パートナーがいなくても、自分が自由に生きられればそれでいい。あるいは、ともに人生を歩む恋人・パートナーはいても、結婚にこだわらずに、お互いの生活を尊重しあって生きていきたい。結婚にこだわらないライフスタイルも「普通」になりつつあります。

　他方、「結婚したい」と思っている人も少なくありません（図1-1）。子育てをして子どもの成長を夫婦で楽しみたい。ともに年を重ね、病気になっても助けあって、老後も安心して過ごしたい。結婚によって相手の生活を受け入れ、連れ添うことの「重み」「責任」を感じつつも、人生をともに歩めることの精神的な安心感は結婚の大きな魅力のようです。

　ただ、「結婚していると経済的に余裕がなくなる」と回答しているのは、男女ともに未婚者のほうが多く、「結婚していると精神的な安らぎが得られる」への未婚者の回答は既婚者（配偶者あり）ほど高くありません（図1-2）。結婚する

未婚者の結婚の意向

図1-1

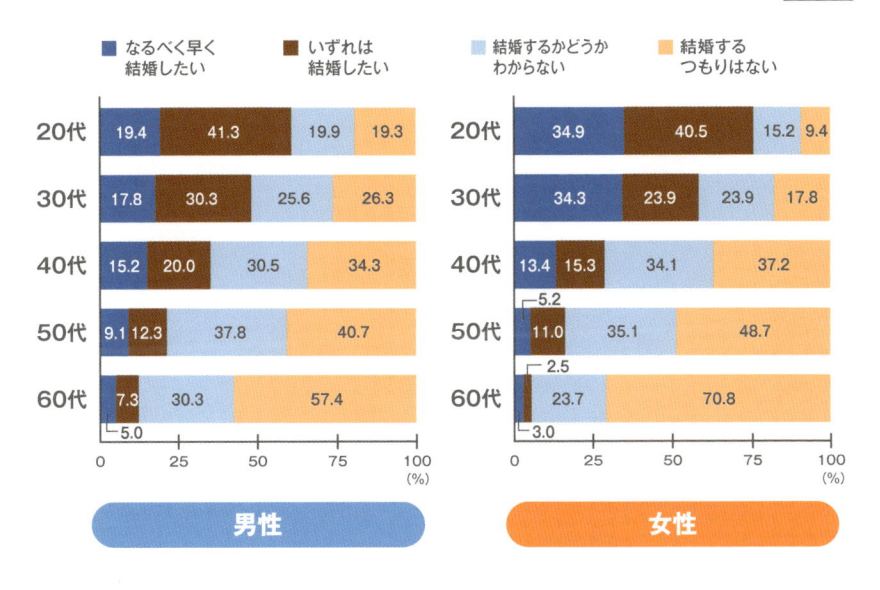

凡例:
- ■ なるべく早く結婚したい
- ■ いずれは結婚したい
- ■ 結婚するかどうかわからない
- ■ 結婚するつもりはない

男性

	なるべく早く	いずれは	わからない	つもりはない
20代	19.4	41.3	19.9	19.3
30代	17.8	30.3	25.6	26.3
40代	15.2	20.0	30.5	34.3
50代	9.1	12.3	37.8	40.7
60代	5.0	7.3	30.3	57.4

女性

	なるべく早く	いずれは	わからない	つもりはない
20代	34.9	40.5	15.2	9.4
30代	34.3	23.9	23.9	17.8
40代	13.4	15.3	34.1	37.2
50代	11.0	5.2	35.1	48.7
60代	3.0	2.5	23.7	70.8

結婚に対する意識（性・未既婚別）

図1-2

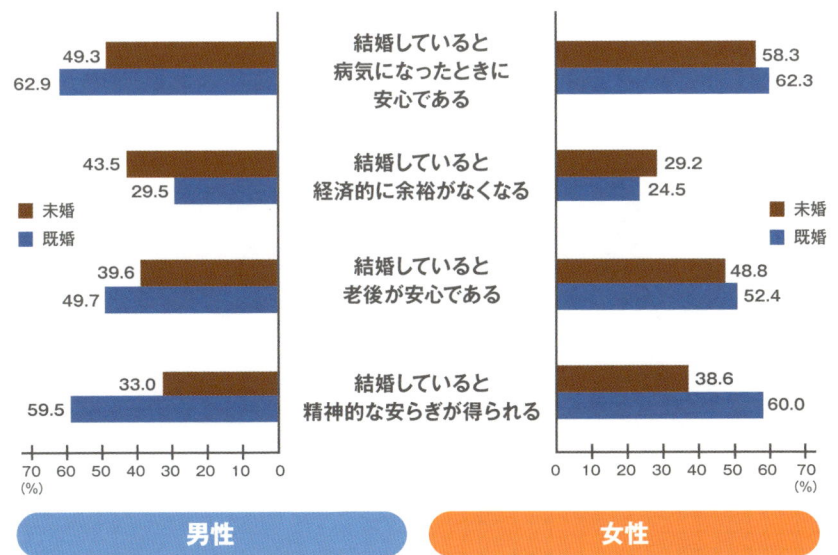

凡例:
- ■ 未婚
- ■ 既婚

男性

	未婚	既婚
結婚していると病気になったときに安心である	49.3	62.9
結婚していると経済的に余裕がなくなる	43.5	29.5
結婚していると老後が安心である	39.6	49.7
結婚していると精神的な安らぎが得られる	33.0	59.5

女性

	未婚	既婚
結婚していると病気になったときに安心である	58.3	62.3
結婚していると経済的に余裕がなくなる	29.2	24.5
結婚していると老後が安心である	48.8	52.4
結婚していると精神的な安らぎが得られる	38.6	60.0

ことが、必ずしも精神的、経済的に豊かさをもたらすものではないと感じているため、結婚にこだわらずに自らの幸せを追求しようと思って結婚をしない道を選択している人も少なくないのかもしれません。

結婚しない理由──出会いのなさと収入

　結婚したいけれど独身でいる人は、なぜ結婚しないのでしょうか。「適当な相手にめぐりあわないから」と「収入が少なく、家計が成り立たないから」が独身でいる理由の上位を占めています。そもそも、結婚相手になりそうな人との出会いがないという人が多いですが、もう1つの理由である収入という障壁で、恋人・パートナーがいたとしても、結婚に踏み切れない人もいるのかもしれません。

　他方、結婚するつもりがない人の多くは、「結婚する必要性を感じていない」

独身でいる理由（結婚の意向別）　図1-3

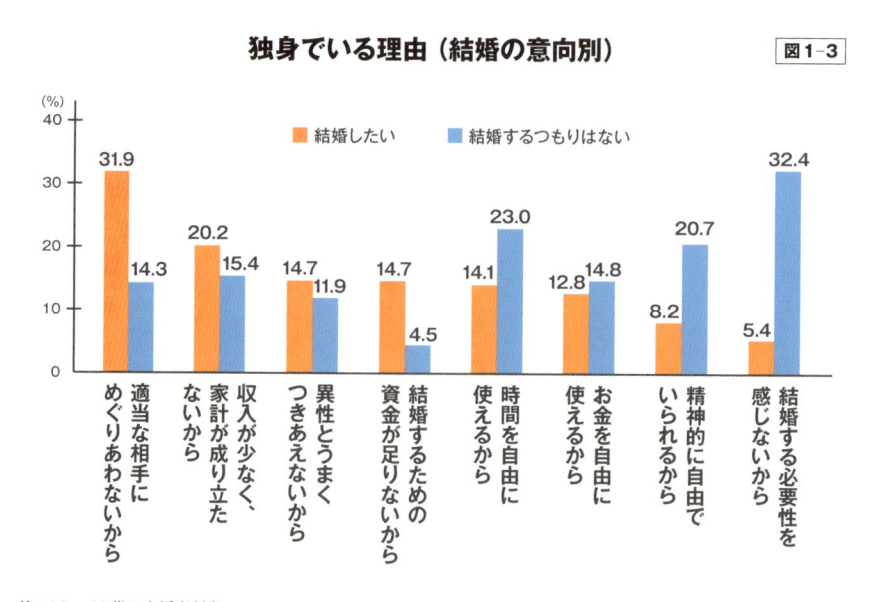

注：20〜60代の未婚者対象。

40

ために独身でいるようです。なかには"人生をともに歩もうとしている恋人・パートナーはいる"という人もいるかもしれません。でも、お互いに束縛されることなく、「時間的」「経済的」「精神的」に自由でありたいために、あえて結婚しないという選択をしている人も少なからずいると思われます。

結婚するならどんな人?

結婚するつもりの人は、結婚するにあたり何を重視しているのでしょうか。

男女ともに多くの人が、「相手を好きであること」や「精神的な安らぎ」を結婚の条件として重視しています。次いで男性は「一緒に楽しめる趣味があること」が3位となっていますが、女性は一緒に趣味を楽しむことよりも、「経済力」や「家事・育児の協力」が上回っています。女性は夫婦で家事や育児を協力しながら、経済的にも豊かな家庭を望んでおり、男性よりも結婚の条件に「実利」を求める人が多いようです。

また、女性のほうが男性より「好きなように仕事ができること」と「自分の好

未婚者が重視する結婚の条件 図1-4

順位	男性	女性
1位	相手を好きであること (84.5%)	相手を好きであること (91.4%)
2位	精神的な安らぎが得られること (61.0%)	精神的な安らぎが得られること (80.0%)
3位	一緒に楽しめる趣味があること (50.3%)	相手の経済的豊かさ (収入、貯蓄、資産など) (71.4%)
4位	家事・育児を協力してできること (38.3%)	家事・育児を協力してできること (62.0%)
5位	相手の経済的豊かさ (収入、貯蓄、資産など) (29.4%)	一緒に楽しめる趣味があること (52.0%)
6位	好きなように仕事ができること (20.8%)	好きなように仕事ができること (30.4%)
7位	自分の好きな場所に住めること (17.6%)	自分の好きな場所に住めること (25.8%)

注:結婚したいと思っている人対象。

きな場所に住めること」に多く回答しています。女性は結婚しても好きな生活スタイルを貫き、子どもが生まれたら夫婦で協力して育児をしながら結婚生活を送りたいと思っていますが、男性はそれほどでもないようです。

現状、たとえば、家事・育児などの家庭生活を優先して仕事を減らすとか、夫の転勤についていくために仕事を辞めるというように、夫である男性に合わせて結婚後の生活が変わることが多いのは女性のほうです。結婚後も好きな生活スタイルを貫きたいという思いには、「結婚による生活変化を最小限にとどめたい」という意識が隠れているのかもしれません。

結婚に対して、男女間で意識の違いがあることを知り、お互いを理解しあうことが、自立した結婚生活のための「条件」といえるでしょう。

まとめ

結婚、独身……幸せのカタチは様々

結婚をすれば、精神的な安らぎを得られるし、病気になったときや老後も安心。また子どもが生まれれば一緒に子育ても楽しめる——そう思って結婚する人もいれば、恋人・パートナーがいてもいなくても、結婚という形態にこだわらず、精神的、時間的、経済的に自由を満喫できるために、むしろフリーでいたほうがいいという価値観が一般化されつつあります。

精神的な安寧は結婚によってのみ得られるものではなく、結婚をしないという選択を含め、人々がどのような生き方をしても、その人なりの幸せを追求できるように、多様な価値観、生き方を認めあうことが必要でしょう。

未婚者の幸福度を高めるものは？

主席研究員　的場康子

　「結婚しない」という選択肢を許容する社会になりつつありますが、現状では、結婚している人のほうが幸せを感じるケースが多くなっています（図1-5）。

　しかし、未婚者のなかにも既婚者並みに幸福度得点が高い人もいます。「やりがいのある仕事」や「健康の維持・管理、健康づくり」「友人・知人との良好な関係づくり」などに満足している人では、そうでない人に比べて幸福度が高くなっています（図1-6）。3つの人生資産が充実していると、既婚・未婚にかかわらず幸せにつながるようです。

　他方、未婚者の男女を比較した場合、図1-5のように女性より男性のほうが幸福度得点が低いのはなぜでしょうか。その謎を解く鍵は、友人・知人や家族とのつながりにあるようです。

幸福度得点（性・未既婚別）　図1-5

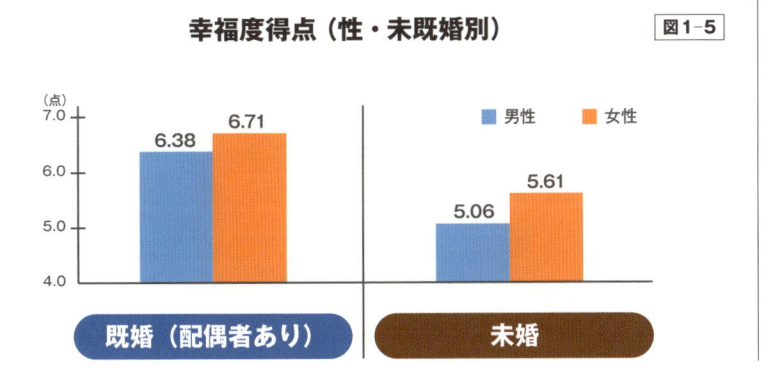

「現在満たされている」ものとして、「趣味やライフワークの確保」については男女差が小さいですが、「友人」や「家族関係」については男性が女性を大幅に下回っています（図1-7）。周りの人々とのつながり満足度が、未婚者男女の幸福度の差に関連していると思われます。

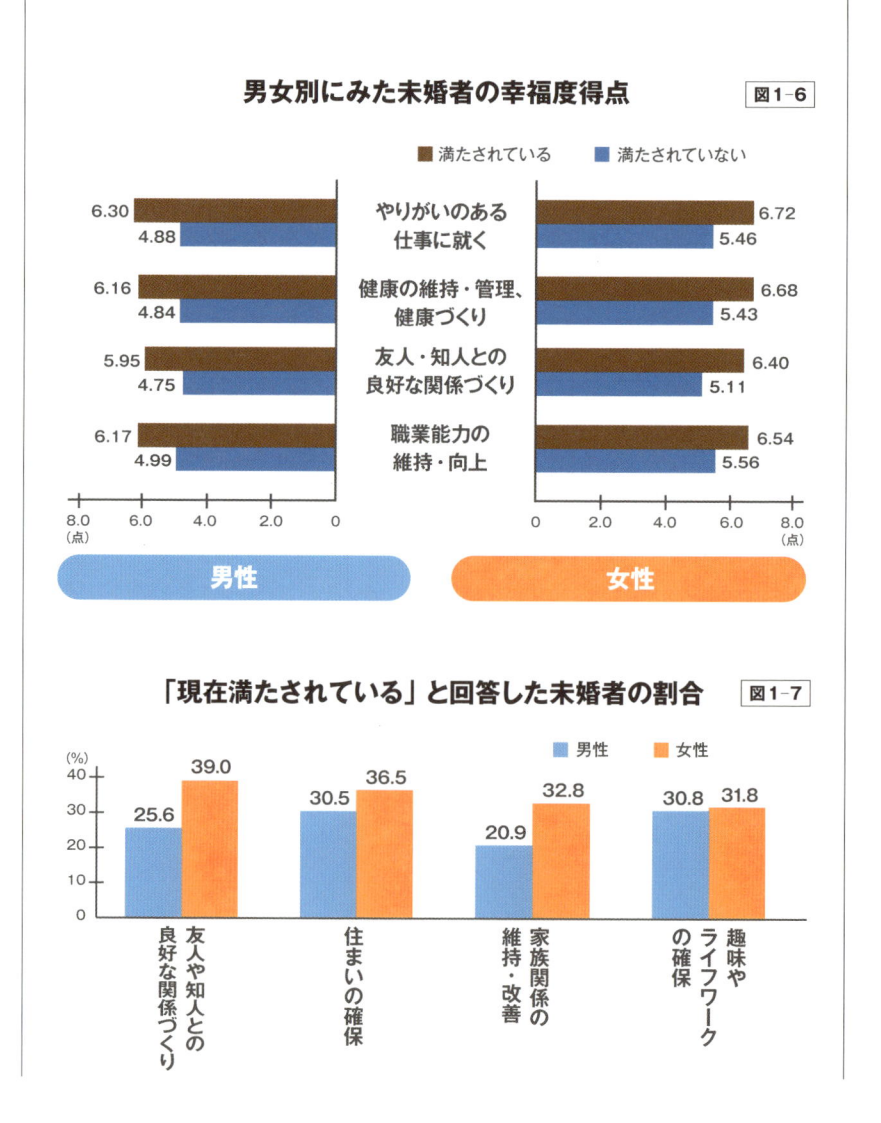

男女別にみた未婚者の幸福度得点　図1-6

■ 満たされている　　■ 満たされていない

	男性 満たされている	男性 満たされていない	女性 満たされている	女性 満たされていない
やりがいのある仕事に就く	6.30	4.88	6.72	5.46
健康の維持・管理、健康づくり	6.16	4.84	6.68	5.43
友人・知人との良好な関係づくり	5.95	4.75	6.40	5.11
職業能力の維持・向上	6.17	4.99	6.54	5.56

8.0　6.0　4.0　2.0　0（点）　　　0　2.0　4.0　6.0　8.0（点）

男性　　**女性**

「現在満たされている」と回答した未婚者の割合　図1-7

■ 男性　■ 女性

	男性 (%)	女性 (%)
友人や知人との良好な関係づくり	25.6	39.0
住まいの確保	30.5	36.5
家族関係の維持・改善	20.9	32.8
趣味やライフワークの確保	30.8	31.8

2 SNS婚のリアル

仕事を通じた出会いが主流──「SNS婚」普及の兆し

　出会いに恵まれないために独身でいる人が多いという今の世の中、結婚した人たちの「出会い」で最も多いのは、勤務先など仕事を通じた出会いでした（図1-8）。20代、30代では、学校での出会いも2割前後と、他の年代よりも高くなっています。

　こうしたなか、最近ではSNS（ソーシャル・ネットワーキング・サービス）を通じて出会って結婚する、いわゆる「SNS婚」も、20代から40代では特に珍しいものでなくなりつつあります。また、広義のSNS婚ともいえるスマートフォン

結婚相手との出会い　図1-8

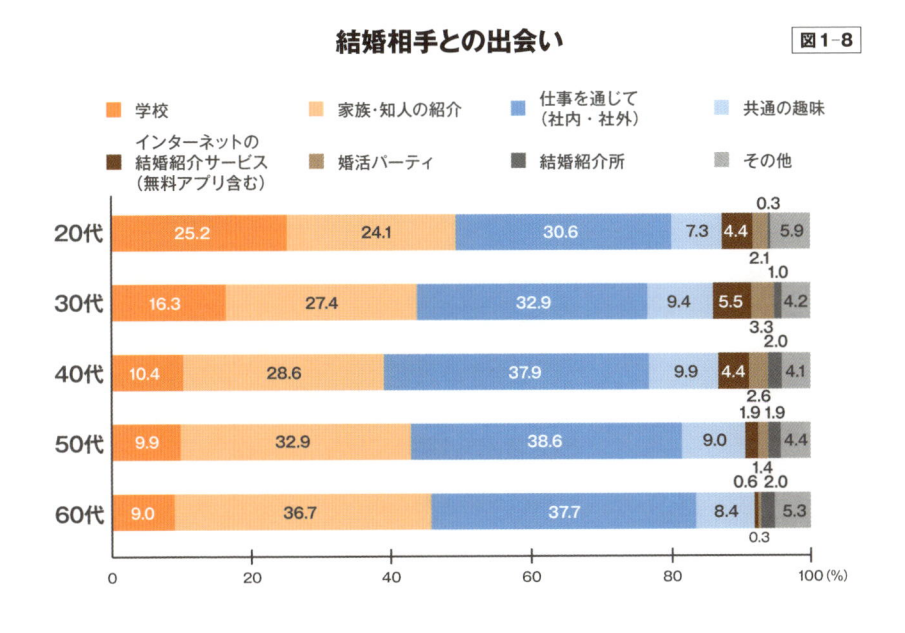

のアプリケーション（以下「アプリ」）を通じた結婚紹介サービスも普及しています。この結婚を目的としたマッチングアプリには様々な種類があり、友人や職場の同僚・先輩などから紹介されて普通に活用している若者も多いようです。

アプリの登録者のなかから「フィルタリング機能」を使って、価値観や趣味が似ている人を「効率よく」「確実に」探し、結婚相手の候補者を選ぶことができるので、自分に合う人とめぐりあう可能性も高くなります。「適当な相手にめぐりあえない」ために結婚できないという人が多いなか、マッチングアプリは出会いの機会を提供する１つの有力なツールとして、デジタルネイティブとされる若者たち（生まれたときからインターネットが身近にある世代）の間で広がりつつある

30代・40代の夫婦関係（結婚相手との出会い別）　図1-9

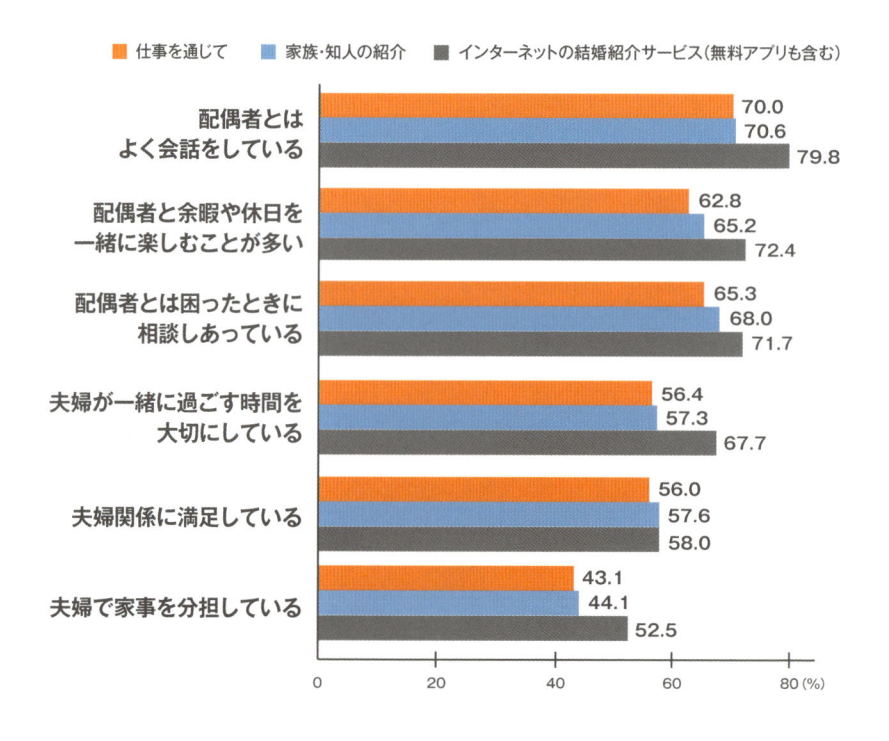

■ 仕事を通じて　　■ 家族・知人の紹介　　■ インターネットの結婚紹介サービス（無料アプリも含む）

項目	仕事を通じて	家族・知人の紹介	インターネットの結婚紹介サービス
配偶者とはよく会話をしている	70.0	70.6	79.8
配偶者と余暇や休日を一緒に楽しむことが多い	62.8	65.2	72.4
配偶者とは困ったときに相談しあっている	65.3	68.0	71.7
夫婦が一緒に過ごす時間を大切にしている	56.4	57.3	67.7
夫婦関係に満足している	56.0	57.6	58.0
夫婦で家事を分担している	43.1	44.1	52.5

ようです。

SNS 婚による新しい夫婦関係

　30～40代に注目すると、どのような出会いであれ、夫婦関係に満足している人が多いようです（図1-9）。とりわけSNS婚の人は、仕事や家族・知人の紹介で結婚した人よりも、夫婦が一緒に過ごす時間を大切にし、家事を分担し、相談しあう人の割合が高いという結果でした。

　出会いはネット空間だったとしても、いや、出会いがネット空間だからこそ、結婚を現実のものとする過程で、お互いをよく理解し、助けあう対等な夫婦関係を構築する人が多いようです。

> **まとめ**
>
> ### SNSで広がった出会いの場
>
> 　たとえ学校や職場で出会いに恵まれなかったとしても、インターネットによる結婚紹介サービスは、幅広い候補者のなかから選択できるので、自分に合った人にめぐりあえるのかもしれません。だからこそ、結婚後も、夫婦がそれぞれお互いを尊重しあい、自分らしく家庭生活を過ごせるのではないでしょうか。
>
> 　最近では、AIを活用して結婚相手をマッチングするサービスも好評のようです。人がマッチングするよりも成婚率が高いようで、近い将来、結婚相手はAIに任せて、お見合いならぬ"おみAI"の時代が来るのかもしれません。

3 幸せな夫婦の条件

あなたにとっての「夫婦」とは?

　人々の価値観や働き方が多様化するなかで、夫婦のあり方も多様化しています。共働き夫婦や子どものいない夫婦などのほか、最近では、結婚後も一緒に住まずそれぞれの生活を維持する「別居婚」、婚姻届を提出しないいわゆる「事実婚」、それに同性のカップルによる「同性婚」など様々な結婚のカタチが出てきています。

　このように夫婦のあり方が多様化するなかで、人々にとって「夫」「妻」とはどのような存在なのでしょうか。

あなたにとっての「夫婦」とは？ 図1-10

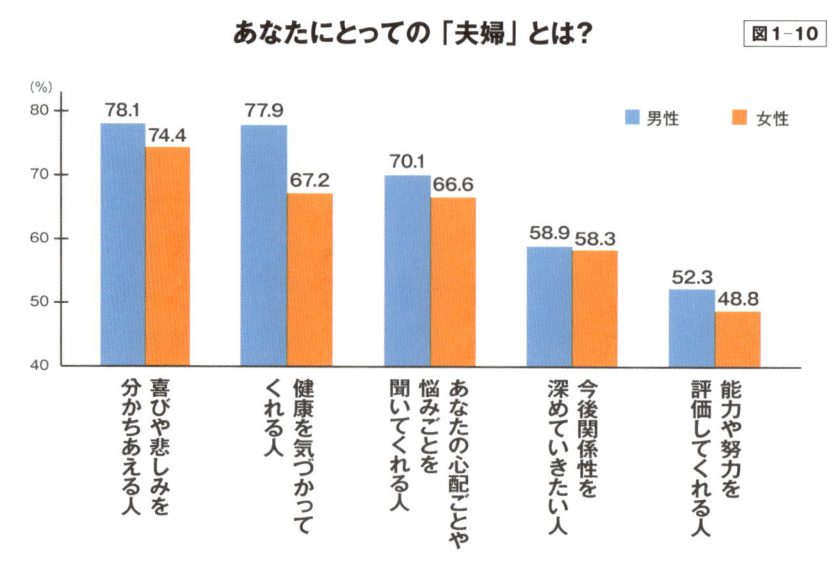

注：既婚者（配偶者あり）のうち、「喜びや悲しみを分かちあえる人」などについて、「配偶者」と回答した人の割合。

様々な人間関係のなかで、「喜びや悲しみを分かちあえる人」として「配偶者」を選択した人が、男女ともに7割以上と、多くの夫婦はともに喜びや悲しみを分かちあう仲であるようです（図1-10）。他方、「健康を気づかってくれる人」として「妻」を選択した男性は8割近くであるのに対して、「夫」を選択した女性は7割以下とギャップが生じています。女性は男性ほど、自分の健康を「夫」が気づかってくれていると思っていないようです。

　この他、悩みごとの相談相手、能力や努力を評価してくれる人といった項目も、男性より女性のほうがやや下回っています。男性が「妻」に期待するほど、女性は「夫」に期待していない様子がうかがえます。

幸せな夫婦のカタチ

　夫婦のカタチは人それぞれですが、どのような夫婦が幸せを感じているのでしょうか。結婚している人の幸福度得点を夫婦関係の意識別にみてみました。

　「夫婦関係に満足している」人の幸福度が最高であるのは別として、精神的

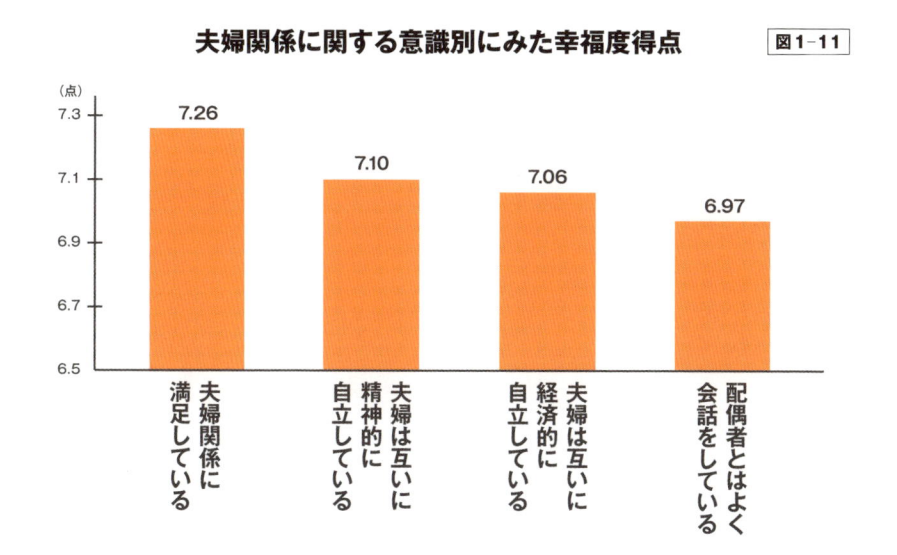

夫婦関係に関する意識別にみた幸福度得点　図1-11

に自立している夫婦と経済的に自立している夫婦のどちらが幸福度が高いかをみると、精神的に自立している夫婦のほうが若干高くなっています（図1-11）。

夫婦であってもお互いに「精神的に」自立していることが、幸せな夫婦の1つの条件であるようです。

「精神的に自立した夫婦」であるために

では、精神的に自立している夫婦とは、どのような夫婦でしょうか。

その特徴をみると、お互いに「健康を気づかいあうこと」「困ったときに相談しあうこと」「一緒に過ごす時間を大切にすること」が重要のようです。

特に、精神的に自立している夫婦のうち、「配偶者の健康を気づかっている」人は9割近くに上ります。しかもその割合は、「気づかってもらっている」よりも高くなっています。精神的に自立している夫婦は、まずは自分から相手を「気づかう」意識をもっていることが特徴です。

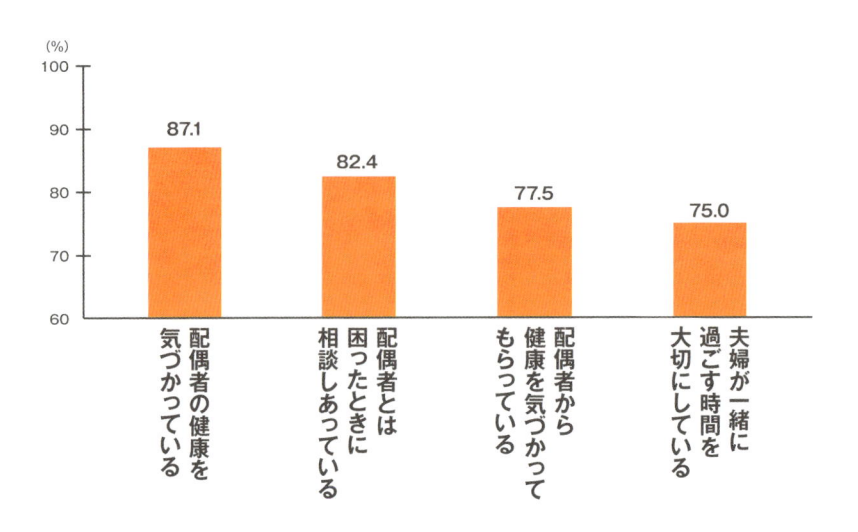

「夫婦は互いに精神的に自立している」人の夫婦関係（「あてはまる」の回答割合） 図1-12

（%）

- 87.1 配偶者の健康を気づかっている
- 82.4 配偶者とは困ったときに相談しあっている
- 77.5 配偶者から健康を気づかってもらっている
- 75.0 夫婦が一緒に過ごす時間を大切にしている

「ギブ（Give）」から始まる自立した夫婦関係

　多くの人にとって夫婦とは、ともに生活するなかで、健康を気づかい、悩みごとを聞き、喜びや悲しみを分かちあう存在です。ただ、幸せな夫婦関係を築くための前提として、お互いの「精神的自立」が必要なようです。それは、定年退職後の男性が妻に頼りきって離れない「濡れ落ち葉」などと言われていた依存関係を脱却し、夫婦ともに一人の自立した個人として、相手のライフデザインを尊重しあうことです。

　精神的に自立している夫婦は、相手から「健康を気づかってもらっている」ことに感謝の気持ちをもちつつも、それ以上に、まずは自分から相手の「健康を気づかう」という意識が上回りました。幸せな夫婦関係への1つの道は、ギブ・アンド・テイク（Give and Take）の「Give」を大切にすることから始まるともいえるでしょう。

変わる？　変わらない？　夫婦関係

代表取締役社長　丸野孝一

時代とともに高齢の夫婦の関係は変化してきた。
江戸時代の落語の枕として有名なのが、

古女房とかけてなんと解く？
たちの悪い夏風邪と解く
その心は、
熱は冷めたがセキは抜けない

昭和、平成の時代に移って、定年後の濡れ落ち葉の夫に対し、妻たちは、たちの悪い夏風邪を引きずる不満を詠んだ。

昭和62年（1987）から始まった第一生命のサラリーマン川柳には、

プロポーズ　あの日にかえって　ことわりたい（恐妻夫　第13回）
赤い糸　やがて夫婦は　コードレス（チャーシューマン　第14回）

新しい令和の時代には、

老夫婦の健康とかけてなんと解く？
終業式の小学生と解く
その心は、
互いの成績が気になります

パートナーの健康を、お互い気にする老夫婦の姿を夢みたい。

4 これからの家族内サポート
―家族外に支援を求めよう―

親だけでない家族内サポート

　年代が高くなるにつれて、誰かしら家族内に日常的な支援を必要とする人が出てきます。50代になると約5人に1人、60代になると約3人に1人が自分の親、あるいは配偶者の親に支援が必要になるようです。

　自分のきょうだいを支援しているという人もいます。20代、30代の若い層でのきょうだい支援の多くは、経済的支援です。自分の親の代わりに、きょうだいの学費などを支援していることが考えられます。40代からのきょうだい支援の場合には、病気などのために働けず、生計を維持できないきょうだいの生活を支援する必要があるというケースもあるでしょう。

経済面や生活面で日常的に支援が必要な人がいる割合　図1-13

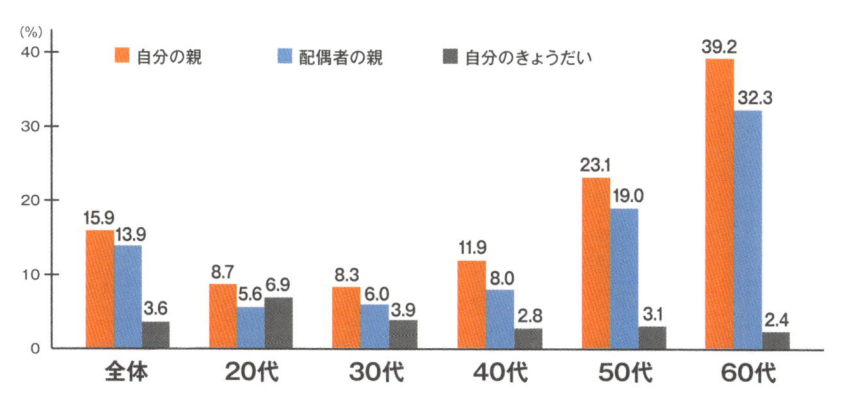

注：「自分の親」は自分の父親・母親のいずれか、「配偶者の親」は配偶者の父親・母親のいずれか、「自分のきょうだい」は自分の最も近しい兄弟姉妹。

40〜64歳の「中高年ひきこもり」が、全国で約61万3,000人いるという推計も発表されました（内閣府「生活状況に関する調査」2019年3月）。年金暮らしの高齢の「親」が、収入のない中高年の「子」を支えているようですが、親がいつまでも支援できるわけではありません。今後、社会としてどう支えるかが課題ですが、自分のきょうだいを支援しなければならない人も増えることが見込まれます。

誰がサポートをしているか

　自分の親やきょうだいに支援が必要な場合、支援を行っているという人は未婚者に多いようです。しかもその場合、「経済的支援」の割合が既婚者よりも高いことが特徴です。自ら生計を維持し独立した生活を送っている未婚者の肩に、家族サポートの負担がかかっている様子がうかがえます。

　きょうだいの数が少なくなると、子どもにかかる親へのサポートの負担も大きく

家族に対する支援の状況　　図1-14

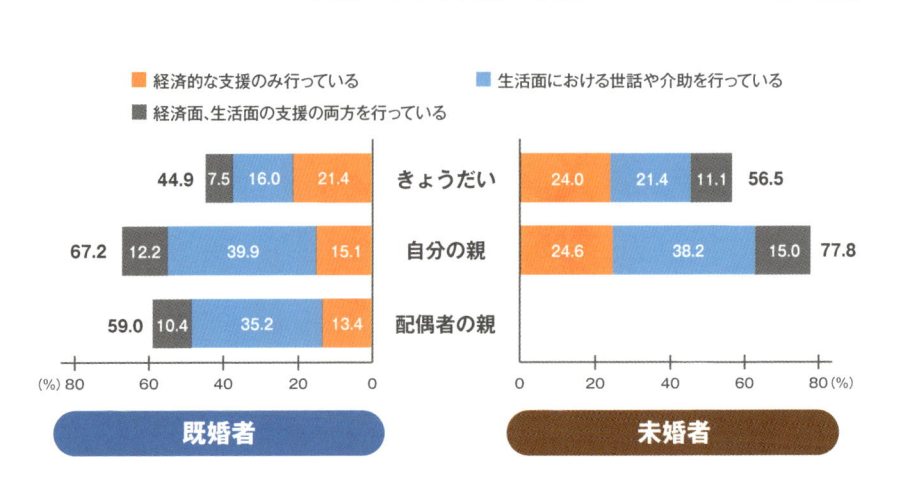

注：「自分の親」は自分の父親・母親のいずれか、「配偶者の親」は配偶者の父親・母親のいずれか、「きょうだい」は自分の最も近い兄弟姉妹に、現在支援が必要と答えた人。

なります。既婚者でも、自分の親へのサポートで精一杯になるため、配偶者の親への支援にまで手が回らないようです。男女ともに、「自分の親は自分が支援する」というのが当たり前の社会になりつつあるようです。

将来、家族に支援が必要になったら

現在は支援が必要でなくても、将来、家族に支援が必要になった場合、自分の親に対しては3割以上、きょうだいに対しては半数以上の人が、「支援したいができない」ないし「支援するつもりはない」と答えています。これは既婚者も未婚者も同様の傾向です。

既婚者は「身軽な」未婚者に身内の世話を任せがちですが、それは未婚者に大きな負担をかけているということを自覚しなければならないでしょう。自分の親やきょうだいに支援が必要になった場合には、負担の偏りがないよう、家族内でよく話しあうことが重要です。

将来、家族に対する支援が必要になったときの支援意向 図1-15

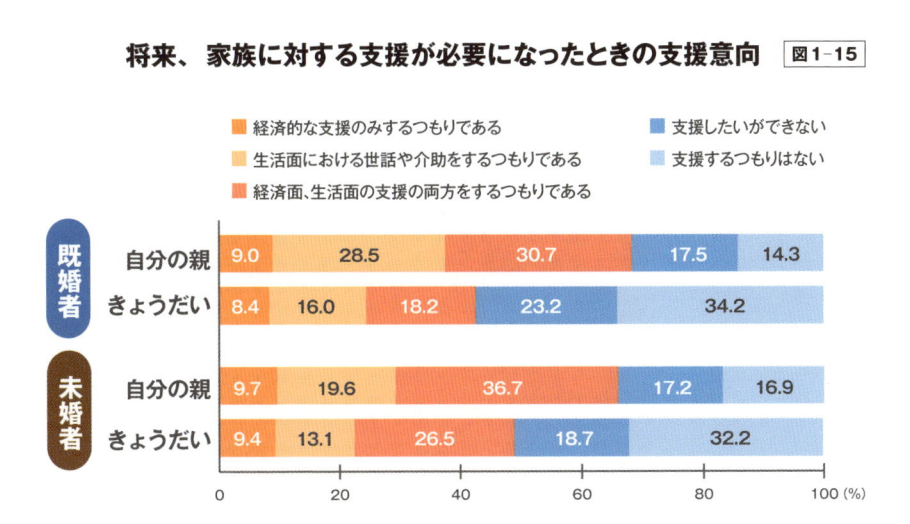

注：「自分の親」は自分の父親・母親のいずれか、「きょうだい」は自分の最も近しい兄弟姉妹に、現在支援が必要でないと答えた人。

家族、地域——サポートについて考えておく

　今後、家族に支援が必要になった場合、自分の親でも約3割、きょうだいの場合は半数以上が支援に否定的な考えを示しています。これは、家族内でサポートをすることの限界を示しているといえるでしょう。

　今後のライフデザインを考える際には、家族に支援が必要になった場合に備え、家族内でどのように分担するのか話しあうとともに、生活面の支援であれば、地域包括支援センターなどに相談して、介護サービスを利用するなど、地域社会のサポートを活用する方策も検討しておくことが必要です。

5 シングル化への備え
―お金よりつながりが大事？―

シングル化に対して準備していること

　結婚し、夫婦で生活している人でも、いつかは夫や妻に先立たれ、シングル生活を経験する人が多くなるでしょう。そのようになった場合を考え、準備しておくことも必要です。

　具体的な準備の内容をみると、60代以外は男女ともに、「生命保険・医療保険」や「生計維持のための収入・仕事の確保」といった経済面での備えをしていると回答した人が多くなっています（図1−16）。1人になっても生計を維持できるよう、経済的準備が重要と考えている人が多いようです。

　他方、年代が高くなるにつれて、「健康の維持・管理や健康づくり」の割合が男女ともに上昇し、60代では経済面での備えに並びます。また、特に女性では年代が高くなるにつれて、「友人や知人との良好な関係づくり」や「趣味やライフワークの確保」が目立ってきます。

　平均寿命が男性より女性が長いことを考えると、将来的にシングルになる可能性が高いことを多くの女性は自覚しているのでしょう。そうなった場合、お金や健康とともに、人とのつながりやライフワークが大事であることを認識しているようです。

シングル化への備えと幸福度

　伴侶に先立たれる可能性を自覚し、そのための準備をすることは、将来への不安を軽減させることにつながります。シングル化に備え、何らかの準備をしている人は、していない人よりも幸福度が高くなっています。

　年代別にみると、20代ではあまり差はありませんが、30代から50代にかけ

シングル化への備えとして実施していること（性別）　図1-16

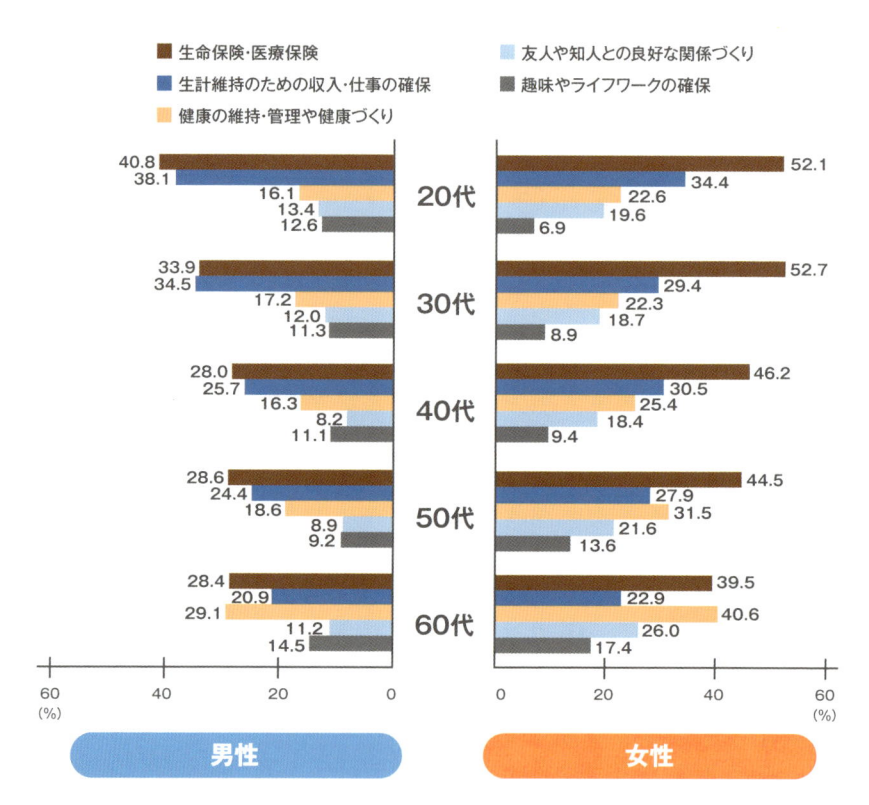

凡例:
- 生命保険·医療保険
- 生計維持のための収入·仕事の確保
- 健康の維持·管理や健康づくり
- 友人や知人との良好な関係づくり
- 趣味やライフワークの確保

20代
- 男性：40.8／38.1／16.1／13.4／12.6
- 女性：52.1／34.4／22.6／19.6／6.9

30代
- 男性：33.9／34.5／17.2／12.0／11.3
- 女性：52.7／29.4／22.3／18.7／8.9

40代
- 男性：28.0／25.7／16.3／8.2／11.1
- 女性：46.2／30.5／25.4／18.4／9.4

50代
- 男性：28.6／24.4／18.6／8.9／9.2
- 女性：44.5／27.9／31.5／21.6／13.6

60代
- 男性：28.4／20.9／29.1／11.2／14.5
- 女性：39.5／22.9／40.6／26.0／17.4

男性（横軸：60 40 20 0 (%)）　女性（横軸：0 20 40 60 (%)）

注：既婚者（配偶者あり）対象。

てその差が開きます（図1-17）。年とともに精神的な自立を意識し、1人でも生きられるように準備をしている人は、そうでない人に比べ、幸せを実感しているようです。

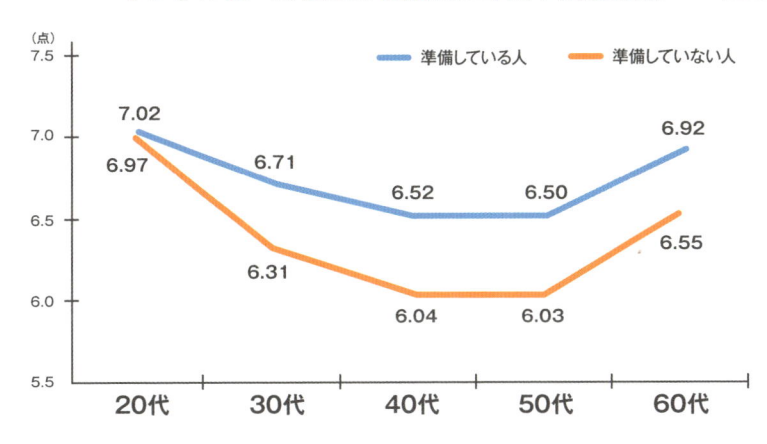

シングル化への備えの有無別にみた幸福度得点 図1-17

注：既婚者（配偶者あり）対象。

幸せをもたらすシングル化への備えとは?

　シングル化への備えと幸福度との関連をみると、幸福度が高いのは、経済面や健康面の備え以上に、人とのつながりやライフワークの準備をしている人たちです（図1-18）。

　自分の好きな趣味やライフワークがあれば、それを通じて人とのつながりもでき、生きる世界が広がります。年齢とともにシングル化へのリスクも高まるなか、趣味やライフワークをもつことが、幸せな人生を送るための1つのヒントとなるようです。

シングル化に対して準備していること別にみた幸福度得点 図1-18

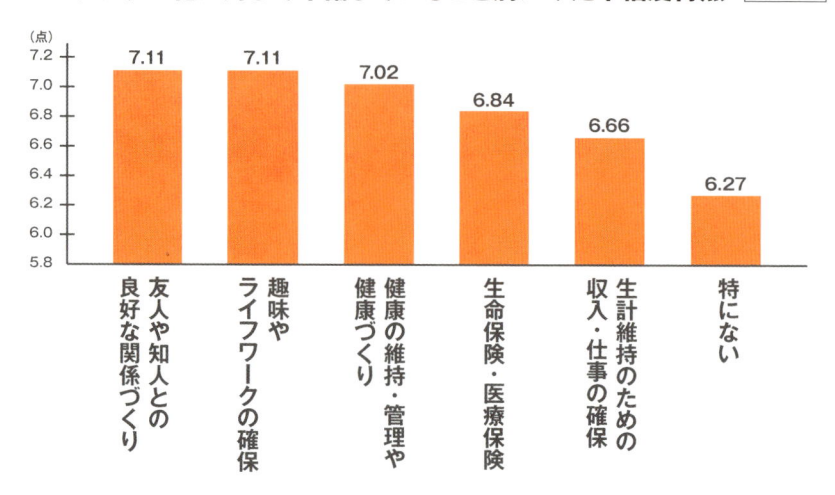

注：既婚者（配偶者あり）対象。

まとめ

「ひとり」になったときの心の備えを

　人は結婚していても、いつかは伴侶に先立たれ、シングル化を経験することでしょう。子どもなどと同居する場合を除き、たいていは一人暮らしになります。現在の勤務先もいつか退職すれば失います。

　ベースとなる経済と健康の備えをした上で、日頃から家庭や職場以外にも様々な人とつながり、自分のライフワークをもって「心の居場所」をつくっておくことが、幸せへの1つの道であるといえるでしょう。

6 結婚とキャリア形成との両立を考える

結婚しても自立して生きるために

　男女共同参画が進み、共働き家庭が増えています。夫婦がともに働き、生計を維持することは、家計の安定に寄与するだけでなく、それぞれが自分らしく自立して生きるための基盤形成につながります。これからの社会、長く働いて

**経済的・精神的に「自立している」と回答した人の割合 図1-19
（夫婦の就労形態別）**

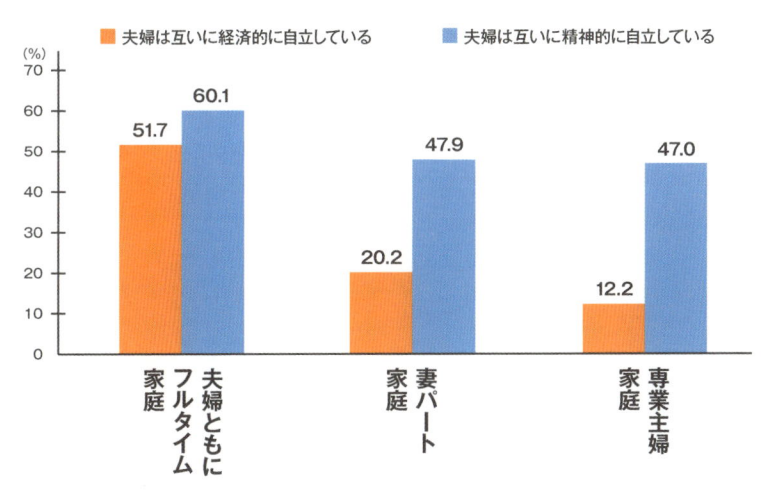

注：20〜50代対象。
　　夫婦ともにフルタイム家庭とは、夫婦がともに経営者、役員、正社員、正職員、契約社員、嘱託社員、派遣社員、自営業、フリーランスのいずれかである夫婦。
　　妻パート家庭とは、妻がパート・アルバイトで、夫が経営者、役員、正社員、正職員、契約社員、嘱託社員、派遣社員、自営業、フリーランスのいずれかである夫婦。
　　専業主婦家庭とは、妻が無職で、夫が経営者、役員、正社員、正職員、契約社員、嘱託社員、派遣社員、自営業、フリーランスのいずれかである夫婦。

生計を維持する必要がありますが、夫婦がともに働くことで、もしもどちらかが病気などで働けなくなっても、あるいは「学び直し」（79ページ）のために大学などに通うことになっても、家計をカバーすることができます。

　実際、20〜50代の現役世代で夫婦ともにフルタイムで働いている家庭は、経済的にも精神的にも、互いに自立していると思っている人が、妻パート家庭や専業主婦家庭を上回っています（図1-19）。経済的に自立すると、精神的な自立にもつながるようです。

結婚のためにキャリア形成をあきらめた女性たち

　しかし、結婚して自分らしく生きるためには、なかなか思うようにいかない難しさもあります。その1つがキャリア形成と家庭生活の両立です。「結婚したため自分の望むキャリア形成ができなくなった」人は、夫婦ともにフルタイム家庭、妻パート家庭、専業主婦家庭いずれも、20代、30代の若い人で高くなっています（図1-20）。結婚によるキャリア形成へのリスクは、男女ともに若い人のほ

「結婚したため自分の望むキャリア形成ができなくなった」と回答した人の割合（夫婦の就労形態別） 図1-20

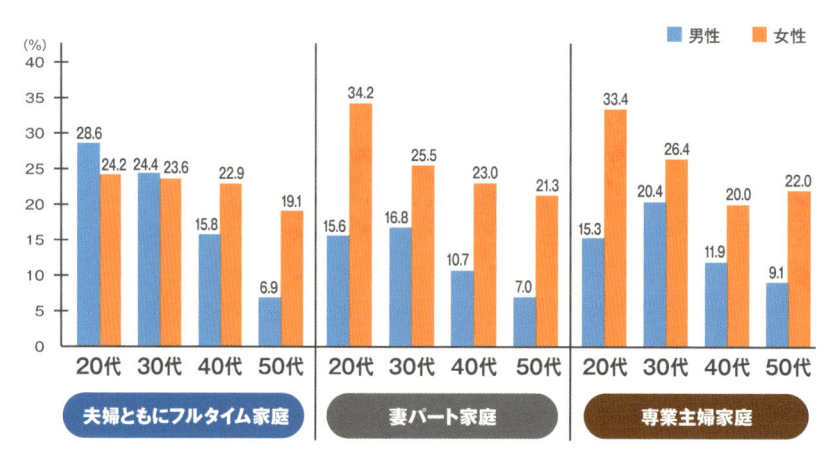

うが感じているようです。

　また、夫婦ともにフルタイム家庭の20代、30代以外は、「結婚でキャリア形成ができなくなった」と考える人はすべて女性が男性を上回っています。特に、妻パート家庭や専業主婦家庭の20代女性では3割を超えています。結婚で働き方を調整せざるをえなかったために、キャリア形成をあきらめた女性たちの意識を反映しているのかもしれません。

　他方、夫婦ともにフルタイム家庭の20〜30代の男性の回答も相対的に高くなっています。ちょうど子育て世代に当たるため、夫婦が協力して育児をしている人が多いフルタイム家庭においては、若い男性にとっても育児とキャリア形成との両立が難しいことを示しているものと思われます。

まとめ

結婚で何かをあきらめない社会に

　これからの時代、自分らしい人生を送るためには、男女ともに精神的および経済的な自立が必要です。共働き家庭が増えているのは、時代の要請にかなっているともいえます。しかし、働きたくても働けなかったり、働けてもキャリア形成がしにくい働き方を余儀なくされたりしている女性も多いのが現状です。

　また、夫婦ともにフルタイム家庭であれば、どちらかがキャリアアップのために留学や転職をしてもリスクヘッジが可能ですが、実際には結婚したために自分の望むキャリア形成ができなくなったと思っている若い男性も少なくありません。

　男女ともに、結婚がキャリア形成を阻むものとならないよう、そして皆が望むライフデザインを描けるような社会の構築が望まれます。

第2章

幸せな「しごと」戦略

主席研究員　　的場　康子

仕事は、人生資産の「お金」を充実させるための手段です。しかし、仕事にはそれだけではない、やりがいや社会とのつながりなど、様々な要素が含まれています。

　本章では、「しごと」を「お金」のためだけではない切り口、特に人や社会との「つながり」という観点から考えていきます。

1 テクノロジーや海外人材は脅威？

テクノロジーの進化

　AI（Artificial Intelligence：人工知能）やロボットなどのテクノロジーの進化が、人々の生活に大きな変化をもたらしています。アメリカでは今後10～20年で、現在の仕事の約半分がなくなり、多くの人が仕事を失う可能性があるという研究結果も発表されました（オックスフォード大学のマイケル・A・オズボーン准教授らによる論文「雇用の未来——コンピューター化によって仕事は失われるのか」）。将来、ビッグデータによる情報分析力、センサーによる認識能力などの進展は、製造分野のみならず、医療、金融、教育分野などにまで幅広く影響を及ぼすとされています。

　そのようななか、AIに仕事を奪われるのではないかと不安に思う人が若者を中心に多くなっています（図2-1）。これから先の職業人生が長いだけに、不安に思うのもやむを得ないところでしょう。中高年層にとっても他人事ではありません。できる限り長く働き続けるということが大きな課題になる「人生100年時代」においては、技術進化のスピードも速いため、経験が役立たなかったり、今までのスキルではまかなえない部分が増えることになるでしょう。

　AIの進化によってなくなるといわれている仕事は様々な分野に及んでおり、

製造・生産、営業・販売、事務などの仕事がAIに置き換えやすいとされています。実際、「製造・生産工程職」や「営業・販売職」「事務職」「輸送・機械運転職」に就いている人の不安が大きいようです（図2-2）。

製造機械のみならず建設機械やスーパーマーケットのレジなどの自動化、RPA（Robotic Process Automation:ロボティック・プロセス・オートメーション）によるオフィス業務の自動化が進み、人間による作業がどんどん不要になっていることを実感しているからかもしれません。

今急速に普及しているのは特化型AIといわれるもので、特定の作業を学習しながら行うものです。確かにこのようなAIが普及していけば、様々な分野で今まで人間が行っていた多くの仕事が置き換えられていくことでしょう。RPAが進んでいる仕事に就いている人にとっては、大きな脅威だと思われます。

しかし、人間にはまだAIにできない能力が備わっています。事務や生産といった仕事のうち作業の部分はAIに置き換わったとしても、会社の状況や世の中の変化を感じ取って、より付加価値を高める工夫や改善を図っていくという

テクノロジーや海外人材に仕事を奪われるのではないかと不安に思っている人の割合 図2-1

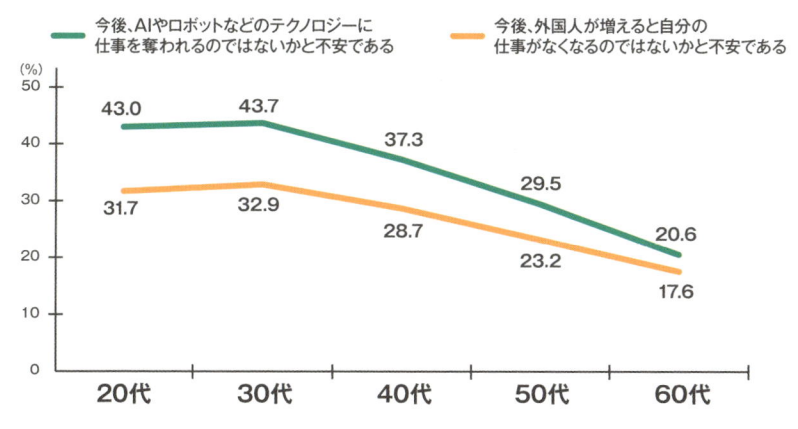

注：働いている人対象。

仕事は、人間の役割として残ると思われます。

たとえRPAで作業面はAIに置き換わるといわれる仕事であっても、様々な環境変化を踏まえ、周りの人とコミュニケーションを取りながら、自分たちの仕事をよりよくしていくという役割は、当面は人間が担っていくのではないでしょうか。

テクノロジーや海外人材に仕事を奪われるのではないかと 不安に思っている人の割合（職種別）　図2-2

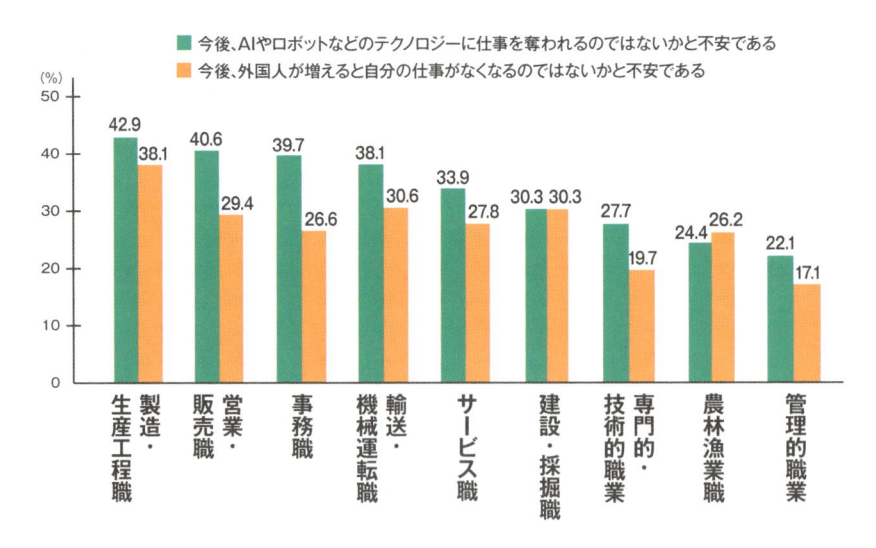

■ 今後、AIやロボットなどのテクノロジーに仕事を奪われるのではないかと不安である
■ 今後、外国人が増えると自分の仕事がなくなるのではないかと不安である

注：働いている20〜60代対象。

海外人材の増加

　日本では、2018年10月末の時点で約146万人の外国人が雇用されています（厚生労働省「『外国人雇用状況』の届出状況まとめ」）。外国人労働者数は、2007年に届出が義務化されて以来、過去最高を更新しました。2019年4月1日に改正入管法（出入国管理及び難民認定法）が施行されたこ

とで、今後も外国人労働者が増えることが予測されます。

　外国人労働者が増えることで、人手不足の解消が期待される一方、日本人の雇用が奪われるのではないかという心配の声も高まっています。

　実際、「今後、外国人が増えると自分の仕事がなくなるのではないか」と不安に思っている人は、20代、30代の若い層を中心に高くなっています（図2－1）。技術革新とともにグローバル化が加速度的に進むなか、職業人生を長期的に考えることが難しくなっている様子がうかがえます。

　また職種別にみると、「製造・生産工程職」をはじめ、「輸送・機械運転職」「建設・採掘職」「営業・販売職」「サービス職」「事務職」など幅広い職業において、不安に思っている人が多くなっています（図2－2）。実際、製造業や卸売業・小売業、宿泊業・飲食サービス業では、外国人労働者が多く働いています（前出の厚生労働省資料）。

　今回の入管法改正によって新たに創設された「特定技能」在留資格で働くことが認められている14業種には、建設業や製造業などが含まれています。外国人労働者を身近に感じながら働いているために不安を抱く——そんな人が多いのかもしれません。

テクノロジーの進化や海外人材の増加に対応して働くために

　「テクノロジーや海外人材に仕事を奪われてしまう」という不安を克服するには、新しいテクノロジーや知識に対応するため、自らの能力をアップデートし、仕事に必要なスキルを開発することが求められます。

　厳しい国際競争のなか、産業競争力を高め、デジタル社会を生き抜く人材を育成するため、リカレント教育（社会人の学び直し）の普及に今、国全体として取り組んでいます。

　学校を卒業し社会人になっても、社会環境の変化に対応し、前向きに職業人生を歩むため、社会の変化を見据えた自らのスキル向上に目を向けることが大切です。実際、テクノロジーや海外人材に仕事を奪われる不安を抱いていても、仕事上必要な能力を向上させるための活動（学び直し）をしている人はそう

でない人に比べて幸福度が高くなっています（図2-3）。

　どのようなスキルが有効なのかは難しい課題ですが、社会環境や企業の変化を常に感じ取れるようアンテナを張って、自分の強みを活かせること、やりがいを感じられることをベースに自らデザインして学び直していくことが求められます。そして、自分ならではの創造性を発揮し、周りの人とのコミュニケーションを図りながら付加価値を高めていくことが、今後ますます大事な視点になるのではないでしょうか。

学び直しをしている人の幸福度得点 図2-3

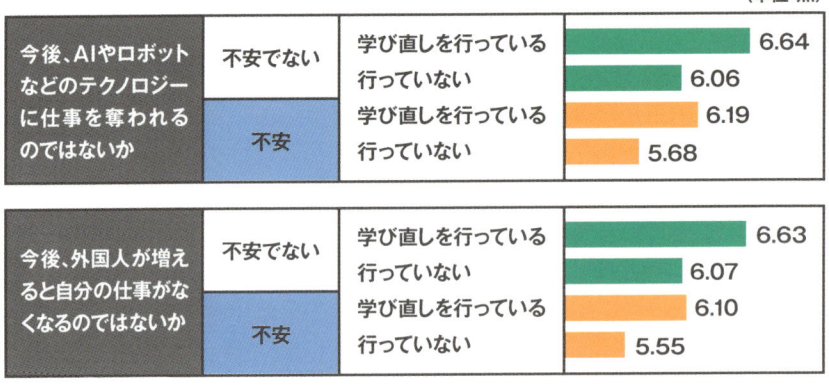

（単位:点）

今後、AIやロボットなどのテクノロジーに仕事を奪われるのではないか	不安でない	学び直しを行っている	6.64
		行っていない	6.06
	不安	学び直しを行っている	6.19
		行っていない	5.68

今後、外国人が増えると自分の仕事がなくなるのではないか	不安でない	学び直しを行っている	6.63
		行っていない	6.07
	不安	学び直しを行っている	6.10
		行っていない	5.55

テクノロジーに使われるのではなく、使いこなす

　AIやロボットなどのテクノロジーや、海外人材に仕事を奪われると不安に思っている人が、若者層を中心に多くなっています。他方、これからの企業は、新しいテクノロジーを取り入れ、年齢、性別、国籍、雇用形態などの違いにとらわれず、一人ひとりの能力を最大限発揮させ、多様な価値観を受け入れてダイバーシティを推進することで競争力を高めることが求められています。

　変化の激しいこれからの時代を生き抜くには不安もあると思いますが、主体的に新しい技術を習得し、自分のスキルを高めて自信に変えることが、不安解消につながる1つの道ではないでしょうか。

顔の見えない移民への不安

主席エコノミスト　田中理

　移民先進国のヨーロッパでも、「移民に職を奪われる」「賃金が上がらないのは移民のせいだ」といった意見がしばしば聞かれます。

　近年、ヨーロッパの各国で大衆迎合主義（ポピュリズム）的な政党が躍進しているのも、イギリスが2016年の国民投票で欧州連合（EU）からの離脱を選択したのも、移民や難民の受け入れに否定的な世論が高まっていることが背景にあると指摘されます。

　加盟国内の人の移動の自由（どこでも自由に仕事ができる）が保障されるEUでは、主に旧東ヨーロッパの加盟国からイギリスやドイツといった豊かな加盟国を目指して多くの移民が流入しています。離脱に投票したイギリス国民にその理由を尋ねると、「EUを離脱すれば移民を制限できるから」との回答が圧倒的に多いです。

　ところが、地域別の投票行動からは別の姿が浮かび上がってきます。外国で生まれた人の居住割合がイギリスの平均よりも低い地域の多くでは、離脱票が残留票を上回りました。逆に、外国人の割合が高い地域では、残留票が離脱票を上回っていたのです。外国人の多い地域に居住する住民のほうが移民に職を奪われる恐怖感は高そうに思えますが、実際の投票行動は真逆です。このことは何を意味しているのでしょうか。

　イギリス生まれの白人グループを対象にした調査によると、移民や社会的少数者（マイノリティ）と接する機会が多い人ほど、そうした人々に対するネガティブな考えをもつことが少ない傾向があるそうです。また、人々が肌感覚で感じる移民の割合は、実際の住民構成よりも遥かに大きくな

るという別の調査もあります。顔の見えない移民に対する漠然とした不安が移民脅威論につながっている面もありそうです。

　こうした問題意識から、移民や難民との共生に取り組み始めた地域もあります。鍵を握るのは「つながり」です。アフリカからの移民が急増したベルギーのメヘレン市では、移民と住民が2人1組でペアを組み、お互いの家を訪問したり、生活の立ち上げを支援する「バディ制度」を開始しました。

　その結果、住民の間にあった移民に対する恐怖心は薄れ、慣れない土地での生活に不安を抱える移民が地域社会に溶け込むきっかけになったといわれています。文化や生活習慣の違いを乗り越え、移民と共生するヒントになりそうです。

2 仕事のための自分、自分のための仕事

働き方は自分が決める

　誰もが自分らしく働ける社会を目指し、働き方改革が行われています。こうした社会的な後押しもあり、子育てや介護との両立が当然というスタンスで働く男女も多く、ワークライフバランスの考え方が浸透し始めました。

　さらに、ITの進展により、いつでもどこでも仕事ができるテレワークの普及とともに、週3勤務、パラレルワーク、フリーランスなど、自分のライフスタイルに合わせて働き方が選べるようにもなりました。働き方は自分で決め、好きなことを仕事にして、自分らしく働ける社会になりつつあるといえるでしょう。

パラレルワークという働き方

　では、本業の仕事の他に副業・複業（パラレルワーク）をしている人は、どのくらいいるでしょうか。

　年代別にみると、パラレルワークをしている人は若い年代で多く、20代、30代では2割前後となっています（図2−4）。若い年代ほど給料に不満がある場合に副業・複業をもつ傾向がありますので、収入を補う目的でパラレルワークをしている人が多いようです。しかしこうした経験により、社外の人とのネットワークも築けるので、今後の職業人生にはプラスになるでしょう。

　実際、若い年代の場合、パラレルワークをしている人は社外に友人が多い傾向があり（図2−5）、パラレルワークによる友人ネットワーク構築の効果も高いことがうかがえます。こうした経験を積むことは、様々な側面でその後の人生に有益なものをもたらしてくれるのではないでしょうか。

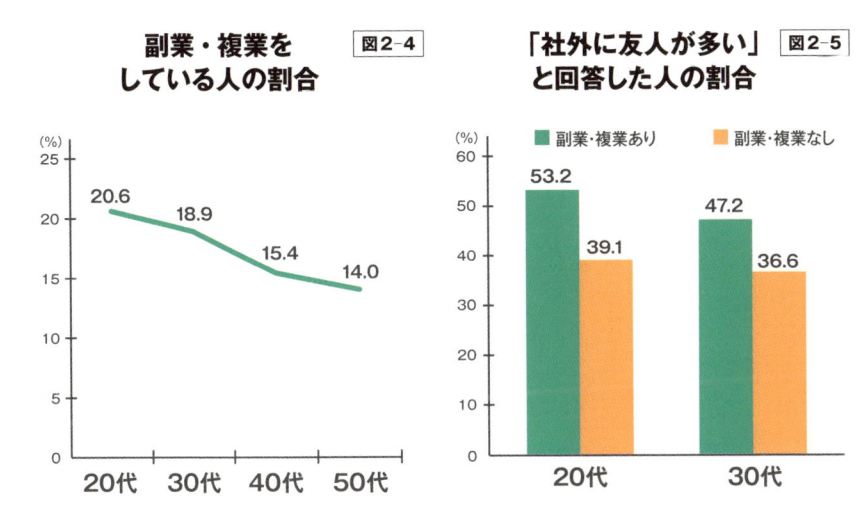

注：働いている人対象。社外の友人とは、学生時代の友人や仕事を通じた友人を含む。

フリーランスという働き方

　正社員やパート・アルバイトのように企業に雇用されて働くのではなく、「フリーランス」という雇用されない働き方も、今後は注目されるでしょう。

　フリーランスとして働く人は、その7割以上が「今の仕事は自分に合っている」「仕事を通じて自分の能力を高めたい」と考えていて、正社員などよりも仕事に対して前向きな人が多くなっています（図2-6）。仕事に必要な能力を高める活動（学び直し）や人脈づくりを積極的に行っている人も正社員などより多く、向上心をもってプロ意識高く働いている人が多いようです。

　一方でフリーランスは、常にスキルを磨き続けなければなりませんし、受注が減れば収入も減って生活が不安定になりがちです。やりがいがある一方、リスクも抱えることになります。だからこそ、自分を律する高いプロ意識が求められるといえるでしょう。

　最近では、個人で活動する起業家やフリーランスとして働く人々がともに机を並べて働くシェアオフィスが増えています。小さな子どもを連れて仕事ができるよ

うな、託児機能付きのコワーキングスペースも珍しくなくなりました。様々なライフスタイルの人々が、お互いに知識や経験を提供しあって、新しいビジネスを創出する機会も増えているのです。

仕事に対する意識（就労形態別） 図2-6

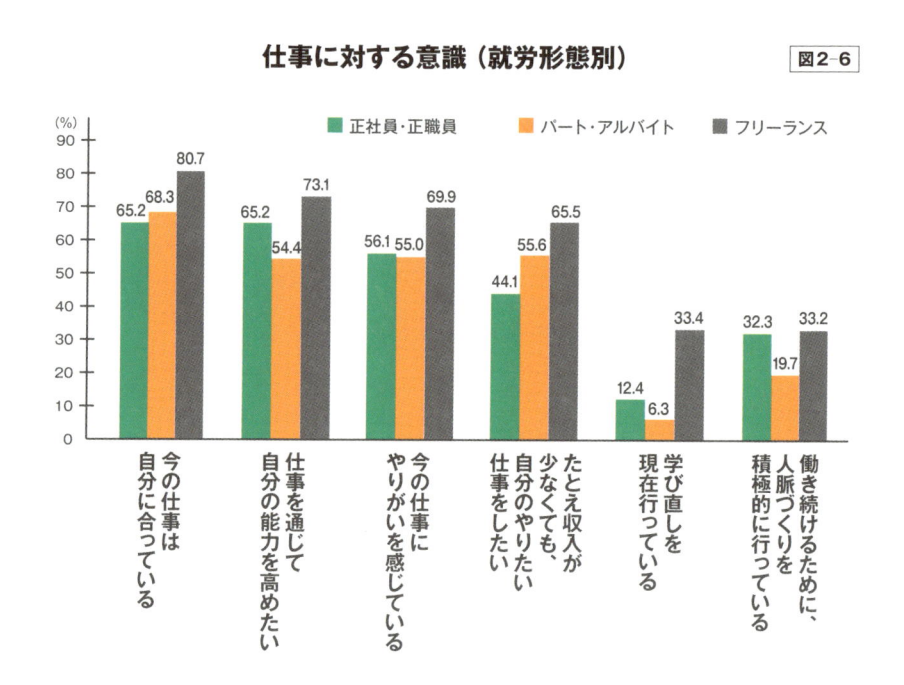

凡例: 正社員・正職員 / パート・アルバイト / フリーランス

項目	正社員・正職員	パート・アルバイト	フリーランス
今の仕事は自分に合っている	65.2	68.3	80.7
仕事を通じて自分の能力を高めたい	65.2	54.4	73.1
今の仕事にやりがいを感じている	56.1	55.0	69.9
たとえ収入が少なくても、自分のやりたい仕事をしたい	44.1	55.6	65.5
学び直しを現在行っている	12.4	6.3	33.4
働き続けるために、人脈づくりを積極的に行っている	32.3	19.7	33.2

仕事プラス*α*の働き方

仕事をしながらスキルアップをしたり、そのスキルを仕事に役立たせるのみならず、社会貢献として活動をする（プロボノ）など、自分の仕事に「＋α（プラスアルファ）」する働き方も注目されています。

仕事に活かすためにスキルアップをしている人（「仕事＋α1」とします）でも、スキルを活かしてプロボノ活動をしている人（「仕事＋α2」とします）でも、そのベースには、生活のためにいつまで働けるのかという、老後の就労に対する不

仕事プラスαの働き方別にみた就労不安意識、仕事やつながり満足度、幸福度得点

図2-7

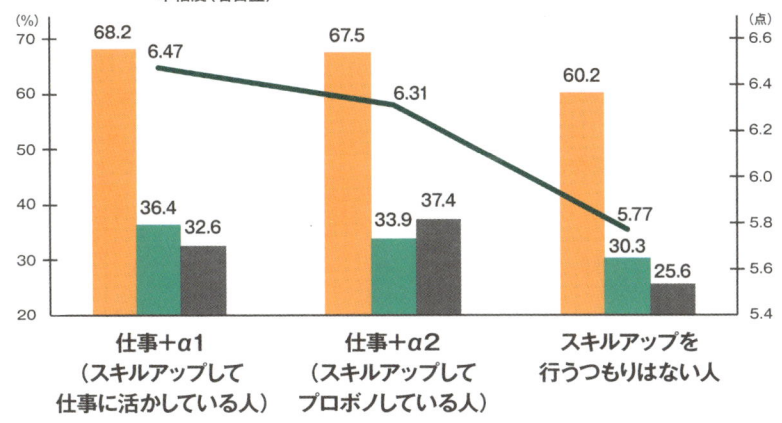

- 老後、生活維持のために必要な就労ができなくなることに不安である
- 「生計維持のための収入・仕事の確保」に満足している
- 「友人や知人との良好な関係づくり」に満足している
- 幸福度（右目盛）

注：20〜50代の働いている人。「スキルアップしてプロボノしている人」は、学び直しをしている人のうち、学んだスキルを活かして無償の活動をしている人のこと。

安感があるようです。むしろ、そのような不安が高いからこそ、スキルアップを重視しているのかもしれません。

しかし、スキルアップをしていることによって、していない人よりも現在の収入や友人関係に満足している人が多く、幸福度得点も高くなっています。特にスキルを活かしてプロボノ活動をしている人（「仕事＋α2」）は、収入面の満足度では「仕事＋α1」の人に及びませんが、友人ネットワークについて満足している人が多い点が特徴です。

「人生100年時代」に向けて、スキルアップにより自分の価値を高めて就労寿命を延ばすことも必要です。さらにこれからは、たとえば自分が老後生活を過ごす地域の課題などにも目を向けて、自らの価値を地域社会に貢献することも視野に入れ、人々とつながりながら働くことも考えてみてはいかがでしょうか。

仕事は自分を豊かにする

働き方改革の進展とともに、働くということを、単にお金を稼ぐための「労働」としてだけでなく、自分の人生を豊かにする手段としてとらえる人が増えているようです。

ライフデザイン3.0時代は、何度でもやり直し・方向転換が可能な時代。複々線的な人生を前提に、自分の望む人生を追求していくために、自分を高め、人々とのつながりを大事にして、自分らしく働く。これからの「人生100年時代」、就労寿命の長期化に備え、仕事を通じて自分らしく生きる、Quality of Work（クオリティ・オブ・ワーク：働くことの質）を考えることも重要です。

3 40代からの学び直し

40代からこそ学び直しが必要

　「人生100年時代」、生計を維持するためにも、自分を活かして長く働き続けることが必要とされています。定年延長や通年採用の進展など、これからも変化し続ける労働市場で長く働くには、自分の市場価値を持続的に維持・向上させていく必要があります。

　そのためには、「仕事面でのライフデザイン」をしっかり行い、自分への投資を怠らないことも大事なポイントです。つまり、自らの就労寿命を支えるものの1つが、学び直しなのです。そのような観点から、社会人の学び直しであるリカレント教育が国や企業からも注目されています。

　働きながら学び直しをしている人は、男女ともに年齢が高まるにつれて減少しています（図2-8）。女性の場合は、子育てと学び直しとの両立の難しさが反映されているのかもしれません。事実、「末子が高校生」になった女性の学び直し実施率は大きく上昇しています。子育てが一段落した女性は、学び直しをすることで、働き方のギアチェンジをしようとしているのではないでしょうか。

　他方、男性は40代から学び直し実施率が急激に減少しています。キャリア形成が必要だといわれ、若い頃から学んできても、それが昇進昇格、配置などの評価に結びつかないため、学習意欲を低下させたとの見方もあります。

　しかしこれから、ますますグローバル化や技術革新、市場の変化のスピードが増すなかで、社会の変化に対応して働くことが求められます。そのためには、何歳になっても新しいスキルを獲得するために学び直し、キャリアを再構築することが必要です。

働きながら学び直しを現在行っている人の割合　図2-8

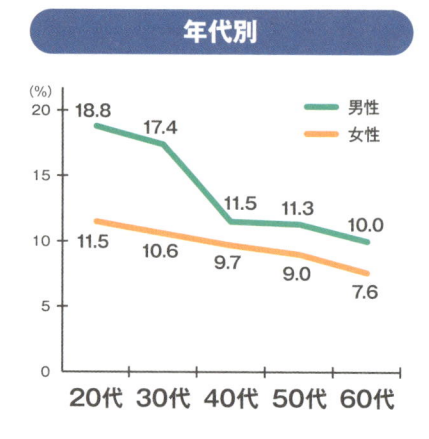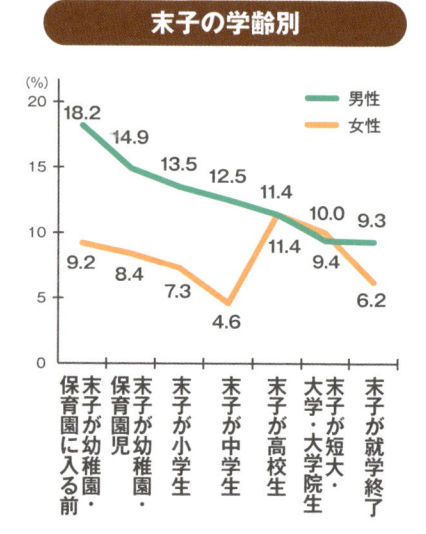

注：働いている人対象。

社会人の学び方

　「働きながら仕事に必要な能力を向上させたい」という人に最も多い学び方は、「書籍・雑誌などによる自学・自習」です（図2-9）。これに「語学や資格を取得するための学校に通学」「eラーニングや通信教育」「社内の有志による自発的な活動・勉強会」が続いています。

　全体的には学習活動が活発な20〜30代で実施割合が高いですが、「社外ネットワークをつくるための勉強会」などでは40〜50代が上回っています。定年後の仕事が視野に入ってくる40〜50代の場合、社外ネットワークは自習、通信教育、語学などの学校に通学に続く学び方となっています。社外ネットワークを構築し、多様なコミュニケーションを通じて学びあうことが40〜50代の学びの特徴の1つといえるでしょう。

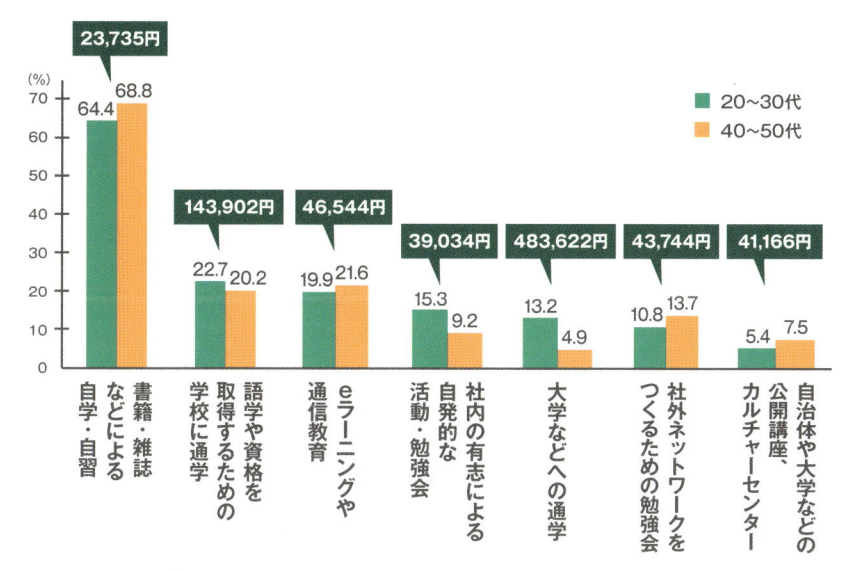

社会人の学び方と学び直しの平均費用（年額）　　図2-9

凡例：
- 20〜30代
- 40〜50代

項目	20〜30代	40〜50代	平均費用（年額）
書籍・雑誌などによる自学・自習	64.4	68.8	23,735円
語学や資格を取得するための学校に通学	22.7	20.2	143,902円
eラーニングや通信教育	19.9	21.6	46,544円
社内の有志による活動・勉強会	15.3	9.2	39,034円
大学などへの通学	13.2	4.9	483,622円
社外ネットワークをつくるための勉強会	10.8	13.7	43,744円
自治体や大学などの公開講座、カルチャーセンター	5.4	7.5	41,166円

注：働きながら現在学び直しをしている人対象。学び直しの費用（年額）は、実施者の平均額。

学び直しをどのように活かすか

　こうして学んだことを「現在の仕事」に活かしている人が多いですが、20〜30代では副業・複業に活かしている人が2割以上います（図2-10）。また、プロボノ活動のように、スキルを活かして無償の活動をしている人もいます。特に40〜50代は、社外のネットワークを構築しつつ、そこでの学びと自らの経験を活かし社外で活用の場を求めている姿が垣間見られます。

　働き方が多様化するなかで、現在の仕事に活かすだけでなく、生き方を広げるために学び直しを考えてみてはいかがでしょうか。

学んだことをどのように役立てているか（年代別） 図2-10

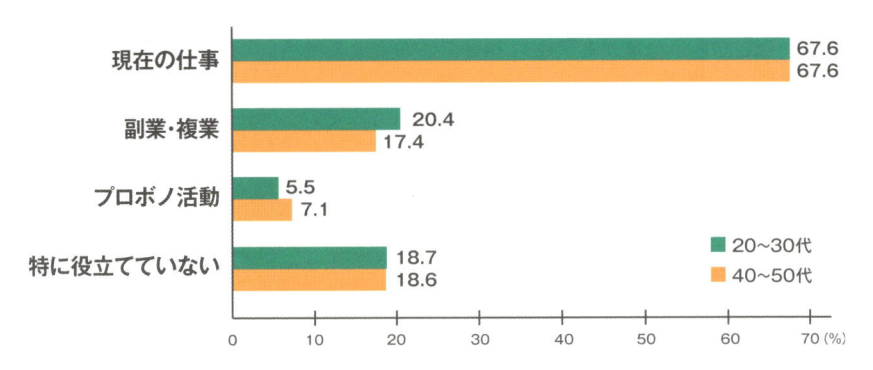

- 現在の仕事: 67.6 / 67.6
- 副業・複業: 20.4 / 17.4
- プロボノ活動: 5.5 / 7.1
- 特に役立てていない: 18.7 / 18.6

■ 20〜30代　■ 40〜50代

注：働いている人対象。副業・複業は「自分の仕事とは別に、収入を得る活動をしている」、プロボノ活動は「スキルを活かして無償の活動をしている」。

まとめ

「学び直し」は新しい自分発見

　今後、新卒一括採用に代わり通年採用が普通になると、中途採用市場も活性化し、雇用の流動化も加速するといわれています。「学び直し」であるリカレント教育への機運も高まっています。こうした時代を乗り切り、自らの市場価値を高めるためには、何歳からでも自分への投資が必要です。そこで重要なポイントの1つはUnlearning（アン・ラーニング：学習棄却）という考え方です。

　人は年を重ねるほど、これまでの経験やスキルに固執しがちです。しかし、過去の学習をいったん捨てて、ゼロベースで学び直すことで、違う自分に気づき、新たに活躍できるフィールドを発見できることでしょう。学び直しは、きっと新しい自分に出会うきっかけを与えてくれるはずです。

4 学び直しは 心のゆとりをもたらす

学び直しは「精神的な充足感」をもたらす

　働きながらの学び直しは、どのような効果をもたらすのでしょうか。

　学び直しの「効果を感じていない」人は3割弱に止まり、働きながら学び直しをしている人の多くは、その効果を感じているようです（図2-11）。

　学び方別に効果の内容をみると、資格取得のための学校や大学への通学、通信教育、社内勉強会などの学び直しは、資格取得に結びつく傾向が高く、自分の市場価値を直接的に高める効果があるようです。望ましい転職や昇進に結びついているという人は必ずしも多くありませんが、収入や社内外のネットワークづくりの効果を感じている人は一定程度います。

学び直しの効果（学び方別） 図2-11

（単位：％）

	精神的な充足感を得た	資格の取得ができた	収入が増えた	ネットワークが広がった	生活が楽しくなった	望むような転職ができた	昇進ができた	特に効果を感じていない
現在学び直しをしている人（全体）	29.1	26.1	23.2	18.7	17.8	6.4	5.6	27.6
書籍・雑誌などによる自学・自習	32.6	27.7	24.2	17.9	20.6	5.7	5.4	27.3
語学や資格を取得するための通学	30.9	41.2	24.0	25.3	21.2	11.1	9.6	20.6
eラーニングや通信教育	28.9	34.4	24.7	21.8	21.4	9.4	8.2	29.2
社内の有志による自発的な活動・勉強会	35.7	38.1	28.6	36.4	20.7	14.7	15.0	15.6
大学などへの通学	36.0	36.1	36.4	19.6	20.2	15.6	14.1	23.4
社外ネットワークをつくるための勉強会	50.7	21.0	33.0	49.9	29.6	12.1	9.6	15.2
自治体や大学などの公開講座、カルチャーセンター	46.9	40.7	40.3	44.2	34.5	14.9	19.3	7.9

注：現在学び直しをしている20～50代対象。「特に効果を感じていない」以外は複数回答。

また、学ぶことで「精神的な充足感を得た」という人が全般的に多くなっています。とりわけ、社外ネットワークをつくるための勉強会や自治体・大学などの公開講座への参加は、「精神的な充足」を実感する人が多いようです。語学や資格を取得するために通学している人でも、その目的を果たすとともに、「精神的な充足」を実感しています。

学び直しとキャリア展望

　若い世代の多くは、自分のキャリアに対して不安をもっています。それは現在学び直しをしている人もしていない人も同じです。学び直しをしていないから不安が募ってしまうのかもしれませんし、自分のキャリアに不安を感じているから学び直しをしている人もいるでしょう。

　年齢が高まるにつれて、キャリアに対する不安感は軽減していきますが、学び直しをしている人としていない人との間で、不安感の差はどんどん広がります。

学び直しとキャリア展望（年代別） 図2-12

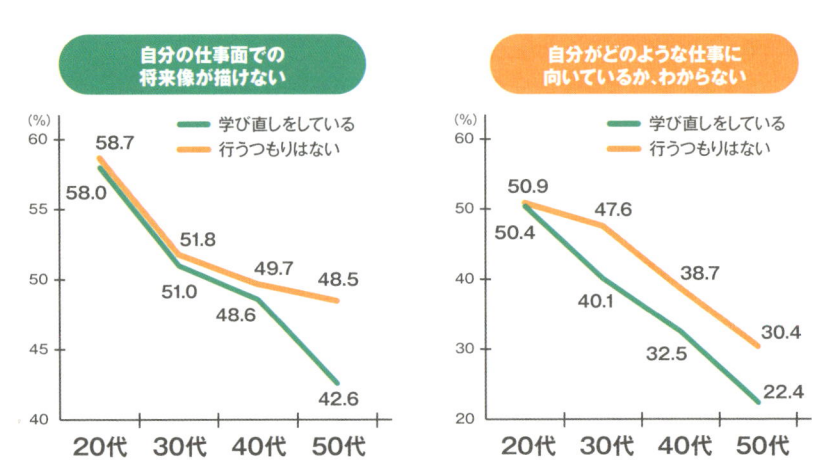

注：現在学び直しをしている人対象。割合（%）は、各項目に対して「あてはまる」と「どちらかといえばあてはまる」の合計値。

たとえば「自分の仕事面での将来像が描けない」と答えた人は、20代では学び直しをしている人としていない人の差はほとんどありませんが、50代になるとその差は大きく開きます（図2−12）。「自分がどのような仕事に向いているか、わからない」という人も同様です。

　年齢の高まりにつれて学び直しの有無によるキャリア展望への意識の差が大きくなっていくということは、学び直しの効果が中高年になってこそ発揮されるからだと考えられます。社会環境の変化に対応し、仕事をする上で必要なスキルは何であるかを敏感にキャッチしながら働くことが、何歳になっても必要だということでしょう。

学び直しとつながり満足度

　学び直しの効果の1つとして、「ネットワークの広がり」もありました。友人とのつながり満足度についても、学び直しをしている人のほうが友人とのつながり満足度が高く、学び直しの有無によって差がみられます。

　しかもその差は、年齢が高まるにつれて広がる傾向があります。キャリア展望と同様に、友人とのつながりにおいても、中高年になってこそ、学び直しの効果が発揮されるようです。

学び直しの有無別にみた友人とのつながり満足度（年代別） 図2−13

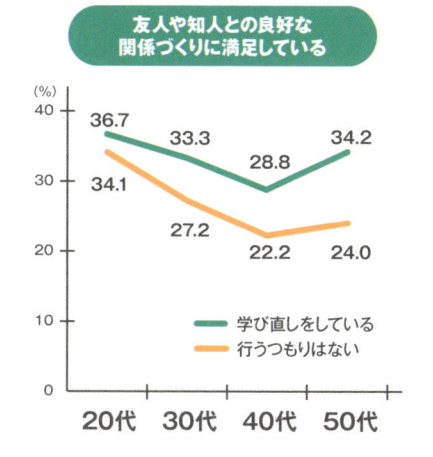

注：現在学び直しをしている人対象。割合（％）は、各項目に対して「あてはまる」と「どちらかといえばあてはまる」の合計値。

学び直しで人生が楽しく広がる

　働きながらの学び直しは資格取得、収入増、昇進、望む配置転換、転職といったキャリアアップを目指して行う人が多く、実際に望む結果が得られた人もいます。

　しかし学び直しの効果は、こうした実利ばかりではありません。精神的な充足感や生活が楽しくなるといった、働くなかでの、いわば「心のゆとり」を実感している人も多いのです。

　さらに、学び直しをしている人のほうが自分のキャリア展望が明るく、友人とのつながり満足度も高いですが、そうした「効果」は年齢が高まるにつれて効力を発揮します。「人生100年時代」、生き生きと働き続けるために、中高年にこそ学びが必要だということがわかります。

5 「ワタシ」を 社会で使ってもらう

定年後の社会参加活動

　老齢厚生年金の支給開始年齢が65歳となるなか、生活を支えるため、あるいは社会とのつながりを求めて60歳を過ぎても働く人が増えています。「人生100年時代」は、定年退職のタイミングを自分で決める「無定年社会」に移行するともいわれており、自分の健康や経済状態に合わせて、「生涯現役」で働く社会になりつつあります。

　また、「生涯現役」といっても、企業などに雇用されて働くだけでなく、地域社会でボランティア活動をして社会参加する方法もあります。

　60歳を過ぎて、地域社会で社会参加活動をしている人はどのくらいいるのでしょうか。「社会参加活動」といっても様々です。たとえば、町内会・自治会、地域の見守り、民生委員などの行政協力、ボランティア、NPOなどの市民活動、専門スキルを活かしたプロボノ活動などです。

　60代でこれらの社会参加活動のいずれかを行っている人は、退職した人で6割以上、就業中の人でも5割以上に上ります（図2-14）。具体的な活動としては、男女とも町内会・自治会、地域見守りが多くなっています。ただ、女性は退職した人のほうが就業中の人よりも社会活動の参加率が高い傾向がみられますが、男性は退職した人の参加率は町内会・自治会以外、それほど高くありません。

　退職後の人生の過ごし方の一つとして、男性も地域の社会参加活動に目を向けてみてはいかがでしょうか。

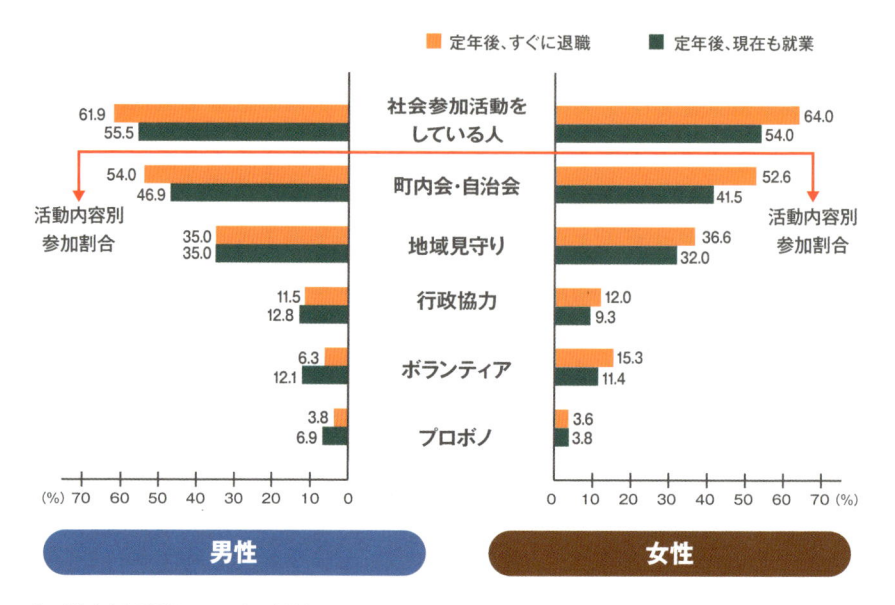

60代の社会参加活動状況（性別、現在の就業状況別）　図2-14

■ 定年後、すぐに退職　　■ 定年後、現在も就業

社会参加活動をしている人
- 男性：61.9（定年後、すぐに退職）／55.5（定年後、現在も就業）
- 女性：64.0（定年後、すぐに退職）／54.0（定年後、現在も就業）

活動内容別参加割合

町内会・自治会
- 男性：54.0／46.9
- 女性：52.6／41.5

地域見守り
- 男性：35.0／35.0
- 女性：36.6／32.0

行政協力
- 男性：11.5／12.8
- 女性：12.0／9.3

ボランティア
- 男性：6.3／12.1
- 女性：15.3／11.4

プロボノ
- 男性：3.8／6.9
- 女性：3.6／3.8

（%）70 60 50 40 30 20 10 0　　0 10 20 30 40 50 60 70（%）

男性　　**女性**

注：「社会参加活動をしている人の割合」は、町内会・自治会や地域見守りなどの何らかの活動を行っている人の割合。「町内会・自治会」は「町内会・自治会などの自治組織での活動」、「地域見守り」は「清掃活動、消防団活動、防災・避難訓練、地域の見守り活動」、「行政協力」は「行政協力のボランティア（民生委員、児童委員、青少年育成委員など）」、「ボランティア」は「ボランティア活動やNPOなどの市民活動を行う団体・グループ」、「プロボノ」は「プロボノなど個人の専門的な知識・スキルを活かした活動を行う団体・グループ」に参加している人の割合。

社会参加活動している人は幸福度が高い

　こうした社会参加活動は、社会とのつながりを確保したり、自分の能力を発揮することで生きがいを感じるなど、様々なよい影響をもたらしますが、人を幸福にする力もあるようです。60代になって、今後の生活に不安があるという人でも、社会参加活動をしている人はしていない人に比べて、男女ともに幸福度が高くなっています（図2-15）。

　それは、定年後も働いている人だけではなく、退職して無職になった人も同様です。社会参加活動を行って、地域の人々とつながりながら、自分を活かすことが幸福への1つの道なのかもしれません。

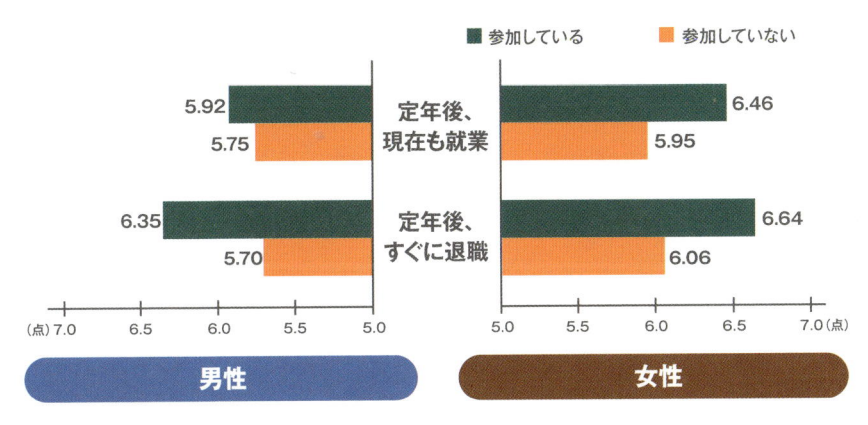

図2-15 「今後の生活に不安である」60代の社会参加活動の有無別幸福度得点

■ 参加している　■ 参加していない

定年後、現在も就業
男性：参加している 5.92／参加していない 5.75
女性：参加している 6.46／参加していない 5.95

定年後、すぐに退職
男性：参加している 6.35／参加していない 5.70
女性：参加している 6.64／参加していない 6.06

（点）7.0　6.5　6.0　5.5　5.0　　5.0　5.5　6.0　6.5　7.0（点）

男性　　　**女性**

注：「今後の生活全般について不安である」と回答した60代対象。

自分のやりたい仕事を自分で選ぶワークスタイル

　最近では、インターネットで単発の仕事を受発注する「ギグ・エコノミー」が注目されています。自分の好きな時間に、スキルや得意分野を活かして様々な業務を請け負うワークスタイルで成り立つ経済のことです。

　マーケティングやプログラミング、Webデザイン、翻訳などのビジネスサポートのみならず、イラスト、楽器演奏、悩み相談、愚痴聞き、ゲームのやり方、ペットや植物の育て方の相談といったものまで、ギグワーカーの仕事内容は多岐にわたります。

　こうしたインターネットなどによる気軽な仕事の受発注のシステムが広がれば、自分を社会に活かす手段がさらに多様化することでしょう。雇用先での労働、地域社会での活動、スキマ時間を活用した仕事など、自ら働き方のポートフォリオを考える、「仕事面のライフデザイン」をする時代が近づいているのかもしれません。

様々な活動で充実人生を

　60歳を過ぎて地域社会で何らかの社会参加活動を行っている人は全体の半数以上いますが、ボランティア活動やプロボノ活動をしている人はあまり多くありません。

　しかし、今後、多くの企業で働き方改革が進み、柔軟な働き方が認められるようになれば、働き方の選択肢が広がります。そうすれば、年齢を問わず、会社に勤めながら副業・複業をしたり、地域で社会参加活動をしたりする人も増えることでしょう。それが、幸せな「生涯現役」の生き方にもつながります。

幸せな「キラキラ父さん」の時代

主席研究員　的場康子

　男女共同参画が推進されるなか、育児と仕事との両立支援策が普及し、ワークライフバランスを重視して育児をしながら働きやすい環境整備が進みました。それでも、主に子育てを担うのは女性の場合が多く、男性は仕事中心の生活からなかなか脱しきれませんでした。

　こうしたなか、働き方の多様化を促す「働き方改革」が進められ、男女ともに自分らしい働き方を模索することができる世の中になりつつあります。

　女性の場合、子育てを通じて地域に友人とのネットワークを構築してきましたが、男性にとっても家族や友人とつながり、生活に幅を広げることも、これからの「人生100年時代」を豊かに生きるために重要です。子どものいる男性は、ワークライフバランスについてどのように考えているのでしょうか。

　「仕事は生活の一部、家庭や趣味にも時間を使うべき」と、ワークライフバランスを大切に考えているお父さんは当然、家族と一緒に余暇や休日を楽しんでいる人が多くなっています。でも、仕事中心の生活を余儀なくされていれば、家族とともに過ごす時間が制約されてしまうでしょう。そのことがお父さんの幸福度にも関係しているようです。

　そこで、ワークライフバランスに対する考え方と、実際の生活状況によってお父さんを4分類し、幸福度の高さをみました。その結果、ワークライフバランスを重視し、仕事中心の生活でないお父さんが最も幸福度が高い「キラキラ父さん」です。

　2位は、ワークライフバランスを重視していても、仕事中心の生活に

お父さんのタイプ別にみた
家族・友人関係と幸福度得点

図2-16

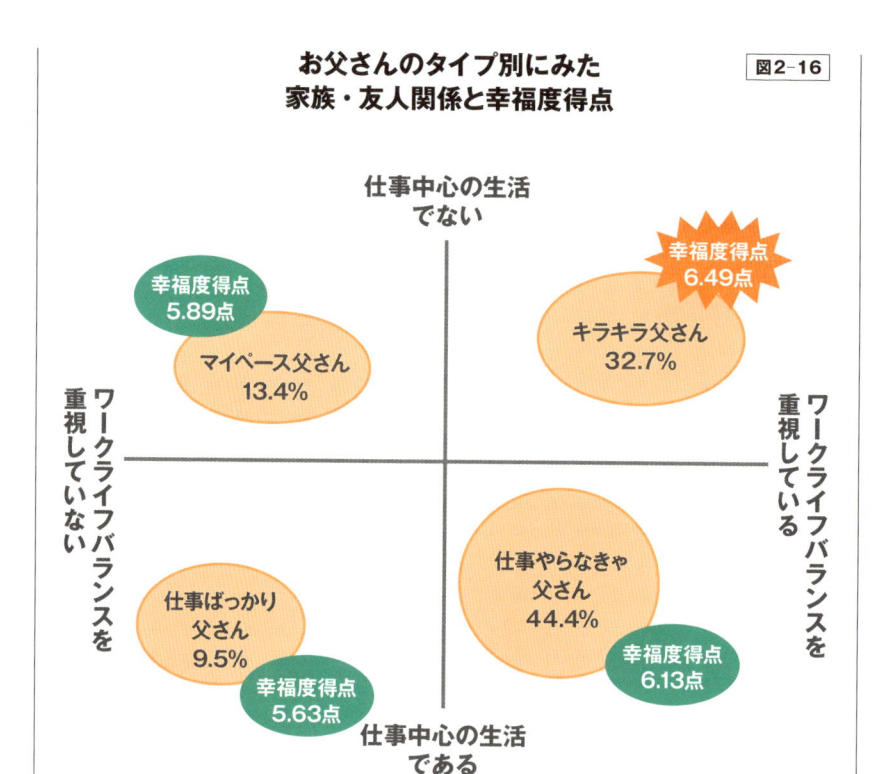

（単位：%）

	家族関係			友人関係			
	余暇や休日を子どもと一緒に楽しむ	余暇や休日を配偶者と一緒に楽しむ	家族関係の維持・改善に満足している	社外に友人が多い	退職後も交流できるであろう友人が社内外にいる	友人や知人との良好な関係づくりに満足している	社会活動の参加率
キラキラ父さん	53.1	72.9	43.8	46.2	53.6	27.8	66.8
仕事やらなきゃ父さん	49.2	67.7	33.5	44.5	54.4	18.2	66.8
マイペース父さん	31.7	51.9	22.5	22.3	23.7	16.3	55.8
仕事ばっかり父さん	36.9	57.1	25.6	34.0	39.5	16.5	64.8

注：子どものいる有職男性20〜50代対象。

なってしまっている「仕事やらなきゃ父さん」。3位に、ワークライフバランスを重視せず、実際に仕事中心の生活でもない、それでいて家族と過ごす時間も少ない「マイペース父さん」が続き、最も幸福度が低いのは、とにかく仕事中心の「仕事ばっかり父さん」となっています。

　男性の間でもワークライフバランスの重要性が定着しつつあるようで、家庭を顧みずに仕事中心の生活を送っているお父さんは少数派となり、仕事をがんばりながらワークライフバランスを重視しているお父さんが主流になっています。

　友人とのつながりをみても「キラキラ父さん」や「仕事やらなきゃ父さん」は友人とのつながり満足度が高く、ワークライフバランスを重視していない父さんは、友人との関係づくりに満足している人は少ないようです。

　また、仕事の他に地域などの社会活動の参加率も、ワークライフバランス重視の「キラキラ父さん」や「仕事やらなきゃ父さん」で高く、「マイペース父さん」で最も低くなっています。今までの暮らし方を変えるのはなかなか難しいでしょうが、少しずつ意識を変えて家族や地域など周りに目を向けてみてはいかがでしょうか。

　お父さんが幸せであることは、家族の幸せにおいて重要です。多くのお父さんが幸せに働けるよう、働きやすい職場環境の整備が前提ではありますが、同時に、お父さん自身も、ときに家族や友人、地域社会に目を向けて、自分ができることは何かを考えることも必要ではないでしょうか。

　野球やサッカー、バスケットボール、剣道など、子どものスポーツ活動に参加すれば、地域の人々とのつながりも生まれます。スポーツ以外にも、楽器、料理、本、ゲームでも何でも、お父さんの得意分野を活かして子どもと一緒に楽しんだり、宿題を見たりすれば、頼りがいのあるお父さんの地位も築けるかもしれません。自分らしく働き、自分らしく生きるために、家族や地域のために自分を活かしてみてはいかがでしょうか。

令和時代の働き方
─いつまでも生き生きと働く秘訣─

60歳を過ぎても生き生きと働くには、
「健康」「つながり」「学び直し」が大事

60歳を過ぎても働いている人が増えています。いつまでも生き生きと働くためには、どのような備えが大事なのでしょうか。

60歳以降も働き続けるため、
40～50代の時期にやっておいてよかったと思うこと
（今の仕事にやりがいを感じている・感じていない別）

図2-17

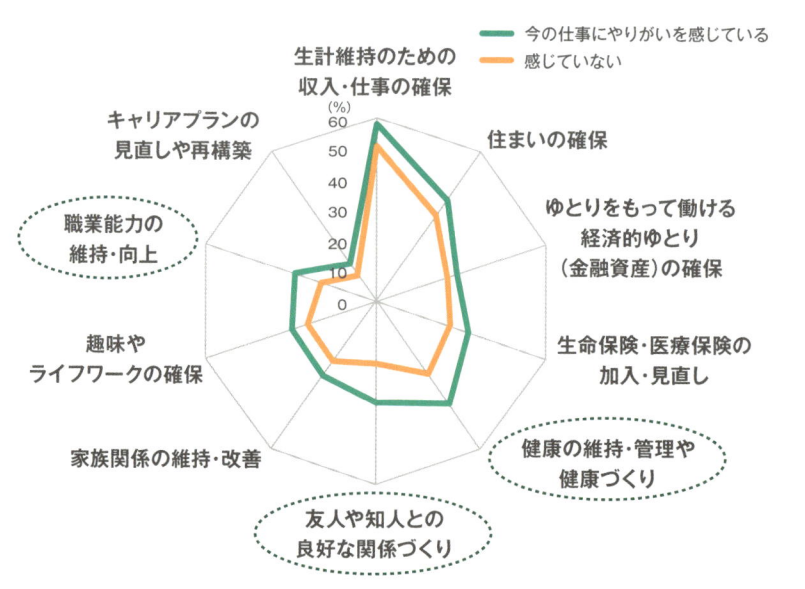

注：働いている60代対象。

60歳を過ぎても働いている人に、40〜50代の時期にやっておいてよかったと思うことを尋ねました。特に、今も仕事にやりがいを感じて働いている人の準備状況に注目すると、「健康の維持・管理や健康づくり」「友人や知人との良好な関係づくり」「職業能力の維持・向上」でやりがいを感じていない人との差が大きいことがわかります（図2-17）。

　60歳を過ぎても生き生きと働くためには、40〜50代の間に「健康」「つながり」「学び直し」を意識した準備が重要なようです。

40〜50代の準備状況──「つながり」と「学び直し」が課題

　では、現在の40〜50代は、どの程度「健康」「つながり」「学び直し」を意識して働いているのでしょうか。

　「心身の健康の維持・管理や体力づくり」を行っている人は30代から約半数もおり、40〜50代でもその割合を維持しています。他方、「人脈づくり」を行っている人と「学び直し」を行っている人は、40代から減少しています。年齢の上昇とともに健康に対する不安が高まり、「健康づくり」の必要性を認識するようですが、「人脈づくり」や「学び直し」に対しては問題意識をもつ人が少なくなるようです。

　社会人として年を重ねれば社内外の友人も増え、追加の人脈づくりは必要ないという人もいるかもしれませ

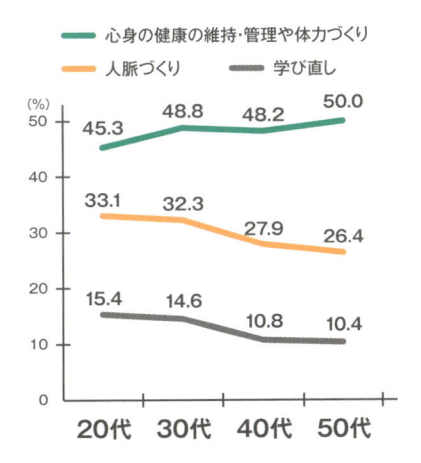

健康・つながり・学び直しの実施状況　図2-18

注：働いている人対象。「心身の健康の維持・管理や体力づくり」は「心身の健康の維持・管理や体力づくりのために、継続的に行っていることがある」、「人脈づくり」は「働き続けるために、人脈づくりを積極的に行っている」、「学び直し」は「仕事上必要な能力を向上させるための活動を現在行っている」の回答者。

ん。あるいは、友人とのつながりは量ではなく、少数の友人と良好な関係を築いていればそれで満足という人もいるでしょう。また「学び直し」にしても、40代からでは遅すぎるのではないかと、半ばあきらめている人もいるのではないでしょうか。

　しかし、これからの社会変化が激しい時代を乗り切るためには、既成概念にとらわれず、柔軟な発想をもつことが求められます。いくつになってもチャレンジ精神をもち、様々な人とつながり、自らをアップデートし続けることが必要です。新しいつながりから、新しい知識や技術を得て、またそれを新しいつながりに活かすサイクルが、生き生きと働き続けるためのエネルギーになることでしょう。

まとめ

長く働くために今から準備しておく

　高度成長を支えた年功序列・終身雇用の日本型雇用のもとでの働き方が、昭和時代の働き方でした。平成時代は女性の活躍推進により、ワークライフバランスを重視した多様な働き方を模索しました。そしてこれからは令和時代。「人生100年時代」に突入し、できるだけ長く働くことで生計を維持しなければならない人が多くなります。

　そのためには、チャレンジ精神をもち続け、つながりながら新しいスキルを獲得することが求められます。働く人々個人の努力とともに、企業や行政も40代からの人脈づくりや学び直しがしやすい環境づくりのために何が必要かを考えることも課題です。

つながりを活かしたキャリアアップ術

研究理事　山口良司

　私は現在5枚の名刺を持ち、様々な方たちと仕事をさせていただいています。そのなかで特に大切にしている仕事にキャリア相談があります。1対1の対面で相手の話をじっくり聴く対人スキルが必要な仕事です。

　実は、小学校1年生の頃の私は、担任から、「なかなか人と馴染めない性格ですから転校は避けたほうがいいですね」と言われるような子どもでした。

　でも今の私は、初対面の人と会うことに気後れすることなく逆に大好きです。

　40代までは、対人スキルは「まあ大丈夫かな」というレベルでしたが、「大好き」に変わる転機は50代直前に訪れました。会社人生を順風満帆で送ってきた私に、今までの大型船の航路を外れる日が来たのです。初めは正直ショックでしたが、少し経ってみると、目的地に予定より早く着けたとしても、航路から外れてはいけない（と思っていた）今までの大型船の航海とは違い、航路の選択は船長次第という小型船の航海は、思いのほか楽しいものでした。航海が楽から楽しいに変わる瞬間でもありました。

　そうしているうちに、また別の航海を命じられました。今度は、航路だけでなく、目的地を決める権限まで与えられた航海でした。

　まずは、新しい目的地を見つけるために、とにかく面白そうだという直感に従って、社外の大小のセミナー、勉強会、取材に毎日のように足を運びました。そこでは情報だけではなく、多様な人的交流"つながり"

が生まれ、人に会うのが「大好き」な私を育ててくれたのです。

　良好以上の最高の"つながり"をもつ秘訣は、「自分自身を開示し、自分が本気でしたいことをハッキリと熱く相手に語る」こと、そして「自分がもっている情報はまず先に相手に提供する」という姿勢です。実際、自分から心を開くことで生まれた"つながり"は、強靭で柔軟でした。

　今私が、各方面で"好きなこと"だけで仕事を続けられているのは、その頃の、オープンマインド（自分から心を開く）で生まれた"つながり"のおかげだと確信しています。

　キャリアカウンセリングの世界では、役職に就く、出世する等、外から確認しやすい汎用の価値を外的キャリアと呼び、自分らしく生きることで幸せと感じる等の、それぞれの内なる価値を内的キャリアと呼びます。「人生100年時代」といわれる長寿社会の今、自分らしさを大切にして、独りぼっちではない良好な"つながり"をもち続けることが、人生を幸福に生ききるための真のキャリアアップ術なのかもしれません。

第3章

幸せな
「つながり」戦略

主任研究員　稲垣　円

1 「つながる」ことで「幸せ」になれるのか

人と人の結びつきが社会をつくる

　私たちは、暮らしの様々な場面において、場や目的、手段、時間などの程度の違いこそあれ、多様な人と人とのかかわりあいのなかで生活しています。

　身近な家族や隣近所、勤め先、学校やアルバイト先等々で個人と個人が結びついて「ネットワーク」がつくられ、維持されたり、新たな関係が生まれたり、インターネットを介して過去にさかのぼって結びつきを復活させることもできます。私たちは日々数え切れないほどの「つながり」のなかで生活し、お互いに影響しあうことで「社会」がつくられています。

つながりとソーシャル・キャピタル

　ある2つの地域において、一方は住民同士が日常的に会話をしたり、一緒に活動することが当たり前のように行われ、もう一方は隣近所に誰が住んでいるか知らず、ましてや一緒に活動したりすることなどない地域があるとします。

　どの地域に住みたいかは好みによるでしょうが、地域で何らかの異変が起きたとき（たとえば、空き巣や不審者、地震などの災害）、おそらく前者の地域のほうが早く異変に気づいたり、住民同士が協力して防犯対策をしたり、また窮地に陥った住民を皆で助けるという状況が起こりやすい、ということは想像できるのではないでしょうか。こうした地域を「ソーシャル・キャピタル（社会関係資本）が高い地域」ということがあります。

　人と人がお互いに協力しあい、それが繰り返されることで結びつきが強まり、相互の「信頼」や「お互いさま」といった気持ちが醸成される、つまり人と人の結びつきという「目に見えない」ものを資本として考えるのがソーシャル・キャ

ピタルです。

　地域をよい状態にしていくためには、厳しいルールや罰則を設けて強制的に守らせるより、人々が自ら進んで協力して行動するほうが効果的で、地域の変化も生み出しやすくなります。「地域」という大きなくくりでなくとも、皆さんが所属する身近な組織に置き換えてみても、同じようなことがいえるのではないでしょうか。

幸せな「つながり」とは

　しかし、つながりは強ければよいというわけではありません。たとえば家族や同じ会社や組織、業界の人同士など、自分と親密な人（強いつながり）は、同じような考え方や価値観、生活スタイルをもっている場合が多く、そのため情報を入手するルートや情報そのものも重なりがちです。

　一方、あまり頻繁には会わない人（弱いつながり）は、自分とは異なる考えや価値観、生活スタイルをもつため、自分が知らない、新しい、そして有益な情報をもたらしてくれる可能性があるという研究もあります。いずれにしてもこうした「つながり」は、政治学、経済学、社会学、教育学、医療・福祉、国際開発など、様々な領域で研究されており、「つながり」のあり方が私たちの生活にどのような意味をもつのか、多くの関心が寄せられてきました。

　しかし周りを見渡すと、「隣近所のことは知らない」「話すことはない」「何かあったら困るので、できるだけ他人とかかわりたくない」といった人づきあいの減少や、インターネットを介した複雑で重層的な「つながり」が人々を疲れさせている現状も散見されます。

　本書のキーワードの1つである「つながり」は、人と人の結びつきを示すと同時に、「どのような関係をつくるのか」ということにも焦点を当てています。個々人が、また家族、そして組織や地域、さらにインターネット上において幸せを感じられるような「つながり」をどのようにつくることができるのか、調査結果をもとにその答えを考えていきます。

2 「近所づきあい」する？しない？

いざというとき、助けあえますか

　自分の住んでいる地域で、自治会や町内会に加入していますか。お隣に回覧板を回したり、世間話をしたり、一緒に清掃活動をしたり、お祭りに参加することはあるでしょうか。

　内閣府が実施した「社会意識に関する世論調査」（2019年）で、「地域での付き合いは、どの程度が望ましいか」という質問に対し、「地域の行事や

住んでいる地域で感じていること

図3-1

項目	%
地震や豪雨等の災害が起こったとき、うまく連携して助けあえるか不安だ	31.9
夜一人で歩くときに不安を感じることがある	27.8
隣近所にどのような人が住んでいるかわからない	25.8
ゴミ出しなど地域のルールを守らない人が多い	24.0
葬式などで近所の人々が相互に助けあうことが少なくなった	22.4
ペットを飼っている人のマナーが悪い	18.0
祭りなどの地域の行事が活発でなくなった	16.8
町内会や自治会の活動が活発でない	14.1
地域の人が話しあって地域の問題を解決する機会や場がない	12.4
盗難や痴漢などの犯罪が増えている	9.7

会合に参加したり、困ったときに互いに助けあう」と答えた人は35.6%でした。今回実施したアンケート調査でも、お住まいの地域で感じることについて聞いたところ、「地震や豪雨等の災害が起こったとき、うまく連携して助けあえるか不安だ」と思っている人が31.9%という結果になりました。

　地域でのつながりが希薄になり、自治会や町内会などの住民による活動が活発でない地域が増えているといわれています。一方で、近年増えている大きな地震や大雨、台風などの災害が起こるたびに、近隣同士がつながりをもち助けあうことの重要性や、どのように「つながり」をつくり、維持することができるかにも関心が寄せられてきました。

　調査結果から、近隣とつながりをもつことの大切さに気づきつつも、いざというときに本当に助けあうことができるのか……という、人々の不安を垣間見ることができるでしょう。

近所づきあいが「わからない」

　では、実際に人々が「近所づきあい」を行っているのか、またどのようにとら

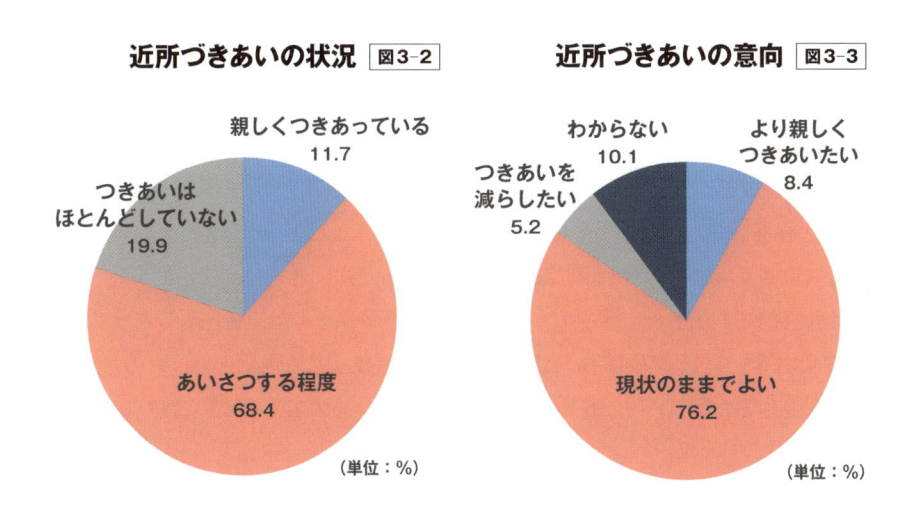

近所づきあいの状況 図3-2

親しくつきあっている 11.7
つきあいはほとんどしていない 19.9
あいさつする程度 68.4
（単位：％）

近所づきあいの意向 図3-3

わからない 10.1
つきあいを減らしたい 5.2
より親しくつきあいたい 8.4
現状のままでよい 76.2
（単位：％）

えているのかみていきましょう。

　図3-2は、近所づきあいの状況を示したものです。「親しくつきあっている」「あいさつする程度」と何かしら近所とのつきあいがあると回答した人は8割、「つきあいはほとんどしていない」人が2割いることがわかりました。

　さらに「近所づきあい」の今後の意向を尋ねたところ、「つきあいを減らしたい」人よりも「わからない」と回答した人が多く、1割を超えていました（図3-3）。その理由をみると、「近所の人のことがよくわからない」「つきあい方がわからない」「特に必要と思わない」といったものが多く、近所づきあいに対してネガティブな考えをもっているというよりは、近所づきあいをしていないために、そもそも隣近所とどのようにつきあうのか、つきあうべきなのか、（メリットがあるのか）わからない、という理由からあえて「近所づきあいをしない」ことを選択している人がいることが考えられます。そして、こうした人は今後も増えていくことが予想されます。

「近所づきあいをほとんどしていない」人は誰?

　それでは、「近所づきあいをほとんどしていない人」の特徴はどのようなものでしょうか。家族構成と住居形態でみてみると、共同住宅の「賃貸マンション・アパート」に住む人に「近所づきあいをほとんどしていない」人の割合が多く、なかでも「単身」で「賃貸マンション・アパート」に住む人の半数は、「近所づきあいをほとんどしていない」と回答していました（図3-4）。

　さらに、単身で賃貸マンション・アパートに住む人を性別・年代別にみると、男女とも若い世代で「近所づきあいをほとんどしていない」割合が高く、40代までは女性のほうが高い傾向にありました（図3-5）。

　若い世代は、平日・日中の多くの時間は仕事などのため在宅しておらず、また今の住まいに住み続けることを前提としていないことが考えられるため、地域と積極的に接点をもつ理由がなく、地域や近所とかかわる機会が極めて少ないものと考えられます。

「近所づきあいをほとんどしていない」とする割合（家族構成・住居形態別）

図3-4

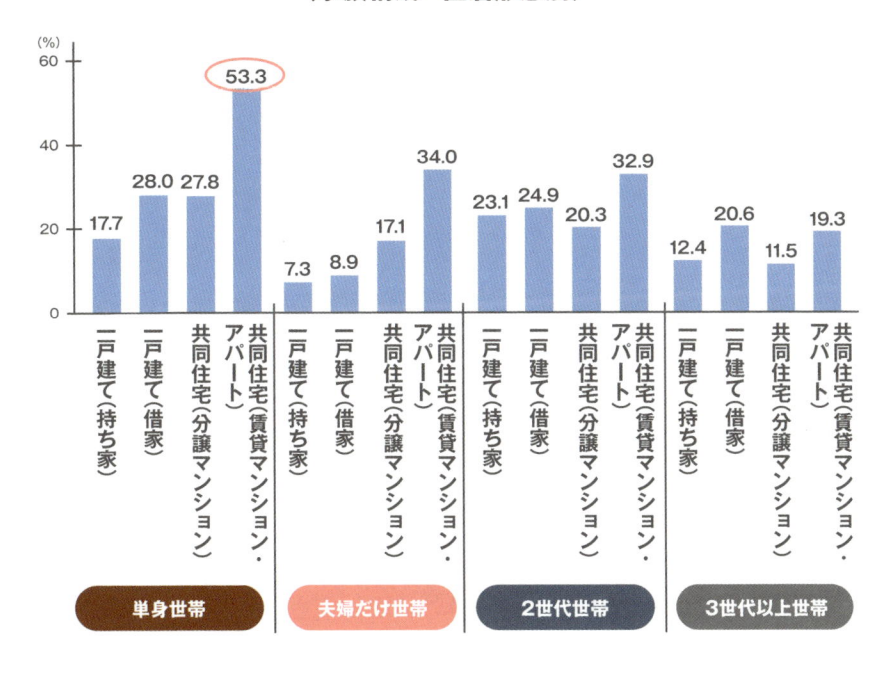

単身世帯
- 一戸建て（持ち家）17.7
- 一戸建て（借家）28.0
- 共同住宅（分譲マンション）27.8
- 共同住宅（賃貸マンション・アパート）53.3

夫婦だけ世帯
- 一戸建て（持ち家）7.3
- 一戸建て（借家）8.9
- 共同住宅（分譲マンション）17.1
- 共同住宅（賃貸マンション・アパート）34.0

2世代世帯
- 一戸建て（持ち家）23.1
- 一戸建て（借家）24.9
- 共同住宅（分譲マンション）20.3
- 共同住宅（賃貸マンション・アパート）32.9

3世代以上世帯
- 一戸建て（持ち家）12.4
- 一戸建て（借家）20.6
- 共同住宅（分譲マンション）11.5
- 共同住宅（賃貸マンション・アパート）19.3

「近所づきあいをほとんどしていない」人の割合（単身者で賃貸マンション・アパートに住む人、性・年代別）

図3-5

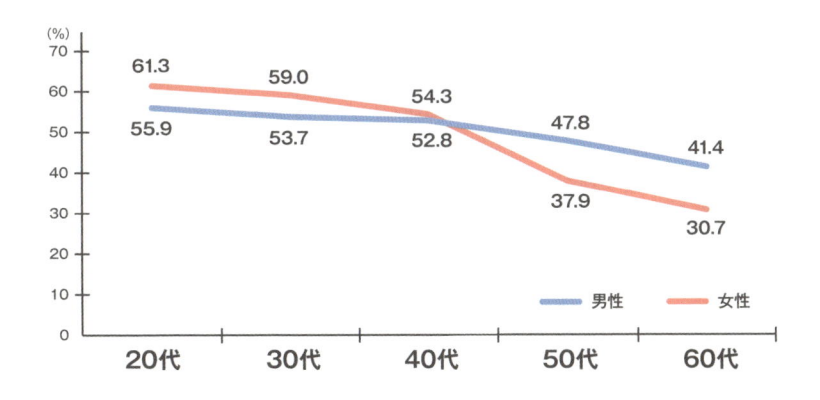

男性：20代 55.9／30代 53.7／40代 52.8／50代 47.8／60代 41.4

女性：20代 61.3／30代 59.0／40代 54.3／50代 37.9／60代 30.7

地域情報はすべての人には届いていない

　自治体が発行する広報誌を、手に取って読んだことはあるでしょうか。自治体の様々な情報が掲載されている広報誌は、全国のほぼすべての自治体で発行されています。多くは、自治体・町内会などを通じて配布されたり、また新聞折り込みや郵送、公共施設や店舗に設置するなど住民の手に届けるための工夫がされています。

　今回の調査結果では、地域の情報を広報誌から得ている人が最も多く、続いて自治会・町内会の回覧板や家族、新聞などを通じて情報を得ていることがわかりました（図3-6）。しかし、「近所づきあいをほとんどしていない」割合が高かった単身で賃貸マンション・アパートに住む人は、その約半数が「地域の情報を得ていない」という結果でした（図3-7）。

　自治会や町内会に加入せず、また新聞を購読しなければ地域情報を得る機

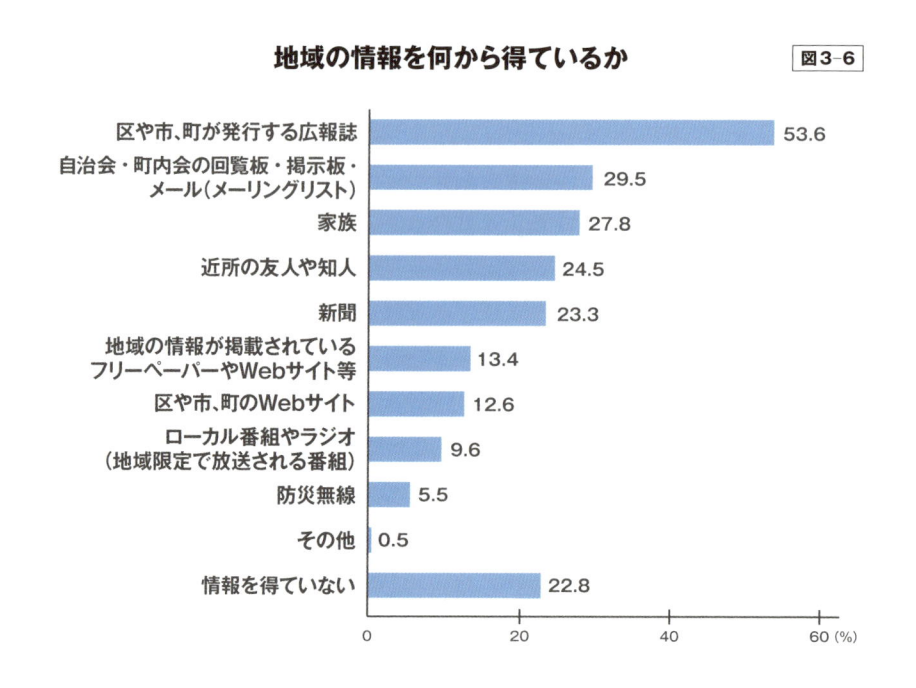

地域の情報を何から得ているか　図3-6

項目	割合
区や市、町が発行する広報誌	53.6
自治会・町内会の回覧板・掲示板・メール（メーリングリスト）	29.5
家族	27.8
近所の友人や知人	24.5
新聞	23.3
地域の情報が掲載されているフリーペーパーやWebサイト等	13.4
区や市、町のWebサイト	12.6
ローカル番組やラジオ（地域限定で放送される番組）	9.6
防災無線	5.5
その他	0.5
情報を得ていない	22.8

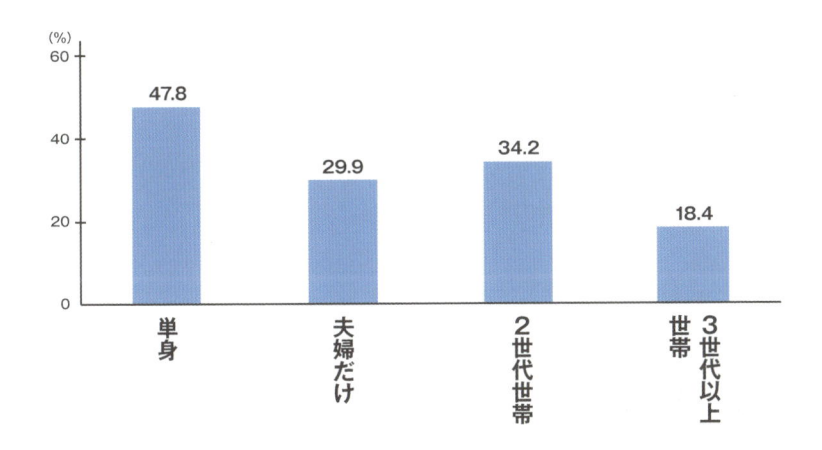

**賃貸マンション・アパートに住む人で
「地域の情報を得ていない」とする割合（家族構成別）** 図3-7

会はありません。公共施設や店舗に広報誌が設置されていたとしても、また自治体のWebサイトからいつでも閲覧できるとしても、積極的な理由がなければ自ら入手しようとは思わないでしょう。地域情報は、必ずしもすべての人が受け取っているわけではないのです。

　今後、こうした「地域を知らない」層にどのように情報を届けるかということが、地域とかかわりをもつ人を増やすための、1つのポイントになるかもしれません。

今どきの近所づきあいを考える

　近くにコンビニがあればたいていのモノが手に入り、さらにインターネットを介せば出歩くことなく、いつでも・誰とでもつながることができます。わざわざ隣人とつきあうことの必要性を感じない、むしろ対面でのやりとりは「わずらわしい」ものかもしれません。

　こうした、「住むこと」と「住んでいる地域の人たちとかかわること」が結びつかない現状では、「地域で助けあう関係をつくること」が大切だとわかっていても、行動に移すことは容易ではないでしょう。では、どのように地域と接点をもてばよいのでしょうか。

　まずは、広報誌を手に取って地域でどんなことが行われているか知ること、そして地域の防災訓練に参加することや最寄りの避難場所までの経路を確認するといった具体的なところから、少しずつ地域にかかわってみるとよいかもしれません。

近所づきあいが多い地域はどこ？

主任研究員　稲垣円

　今回の調査結果をもとに、エリア別と都市規模別に「近所づきあい」について算出しました。その結果、エリア別に近所づきあいがよくなされている地域は、中国、甲信越・北陸、東北という結果になりました（図3-8）。そして、甲信越・北陸以南を中心に高めの傾向にありました。

　さらに都市規模でみてみると、町村、小都市（10万人未満）、中都市（人口30万人未満10万人以上の都市）といった人口規模が小さい順で、親しく近所づきあいをしている割合が高い傾向にありました。また、都市規模にかかわらず居住年数が長いほど親しくつきあう人の割合が高い傾向にありました（図省略）。

　都市規模が大きいほど、人の入れ替わりが多く、昼間人口も少ないため、隣近所とのつながりがつくりにくいという特徴があります。反対に、規模が小さい地域は、農林漁村が多いことから、現在でも隣近所とのつながりが強い傾向にあるものと考えられます。

　しかし安心はできません。今はつながりが強くても、少子・高齢化や若者の流出などによって過疎化が進めば、近隣とのつながりが弱くなり、いずれは地域コミュニティの維持も難しくなります。どのように人々のつながりをつくり、維持していくかは、都市規模にかかわらず全国で直面している課題でもあるのです。

エリア別

図3-8

（単位：%）

地域	親しくつきあっている	あいさつする程度	つきあいはほとんどしていない
全体	11.7	68.4	19.9
北海道	9.2	73.1	17.7
東北	③12.9	69.9	17.2
北関東	12.0	69.9	18.2
一都三県	10.4	65.9	23.7
甲信越・北陸	②14.1	69.9	16.0
東海	10.5	71.0	18.5
近畿	12.4	68.2	19.4
中国	①14.3	67.3	18.3
四国	12.3	68.6	19.1
九州・沖縄	12.6	68.2	19.2

都市規模別

図3-9

（単位：%）

地域	親しくつきあっている	あいさつする程度	つきあいはほとんどしていない
全体	11.7	68.4	19.9
大都市 東京都区部、政令指定都市	9.5	66.5	24.0
中都市① 人口30万人以上の都市	11.4	68.4	20.2
中都市② 人口30万人未満10万人以上の都市	③12.1	69.8	18.1
小都市 人口10万人未満	②14.0	69.9	16.1
町村	①15.1	68.0	16.9

カジュアルな教会が担う
コミュニティ機能

主席エコノミスト　田中理

　個人主義が根付いているアメリカでは、日本のような手厚い行政サービスは期待できませんし、ご近所づきあいもほどほどです。それを補完しているのが、教会を中心とした宗教的なコミュニティといわれています。

　信者は礼拝に参加するだけではなく、それぞれの興味や関心に応じて、少人数での聖書の勉強会やハンドベルの演奏グループなどに参加します。信者間の結束は強く、自宅に集まったり、ボランティアやスポーツ観戦に参加したりと、活動をともにすることが多いです。出産直後の信者仲間がいれば、食事を届けたり、家事の手伝いをすることもあるようです。1人で暮らす高齢の信者がいれば、定期的に食事に誘い、健康状態を確認するなどの見守り活動役も担っています。

　このように、教会が重要なコミュニティ機能を果たしているアメリカでも、近年、毎週欠かさず教会に行く人は減っています。1950年代に70％を超えていた定期的に教会に通う人の割合は、最近では40％を切っています。特に若者の教会離れが顕著だといわれています。教会に行かなくなったアメリカ人の友人にその理由を尋ねてみたところ、「神を信じなくなったこともあるが、行事の負担や人間関係が煩わしい」との答えが返ってきました。なにやら日本の町内会の話を聞いているような錯覚を覚えます。

　そんなアメリカで、最近急速に信者を伸ばしている教会があります。東京ドーム何個分もの敷地に、巨大スクリーンや音響設備の整った大

ホール、バスケットボールコートやフィットネスジムを完備し、託児所やお洒落なカフェまで併設されています。毎週の礼拝は、ノリノリのロック音楽が流れる壇上に、Tシャツとジーンズ姿の牧師さんが颯爽と登場します。ジョーク交じりの説教に信者参加型のイベントが盛りだくさんといった具合で、もはや一種のエンターテインメントです。

　信者数が2,000人を超えるこうした教会は「メガチャーチ」と呼ばれ、全米各地に広がっています。そのカジュアルなスタイルに賛否両論ありますが、徹底的なマーケティングにもとづき、住民が参加しやすい教会づくりを実践しています。堅苦しくて信者が敬遠する教会よりも、まずは教会に足を運んでもらうことを優先しているのでしょう。

　ファストフードならぬファストチャーチが教会離れを救うのか、コミュニティとのつながりにも多様な選択肢が求められる時代なのかもしれません。

3 「社会参加」は 幸せのきっかけ

社会参加でつながりをつくる

「社会とつながりをもっていることは、長生きや健康によい影響をもたらす」という話を聞いたことはあるでしょうか。健康でいることや長生きのために喫煙や飲酒、運動などの生活習慣を見直すことが大切であることは想像できますが、加えて「社会とのつながりをもつこと」も長生きに影響するというものです。

この他にも多くの研究で、つながりをもつことの心身への効果について報告がなされています。しかし、102ページ以降でみたように、最も身近な「近所づきあい」もままならないなか、私たちは実際にどのようなつながりを築いていけばよいのでしょうか。

社会参加の実態

図3-10は、様々な社会参加活動（町内会・自治会をはじめとした居住する地域での活動や趣味や習いごと、ボランティアなどの活動を指す）に対して「参加している」と回答した人の割合を示したものです。

具体的にみると、「学校行事」は、小中学校に通う子どもをもつと思われる40代が活動ピークになりますが、それ以外は「町内会・自治会など」のような居住する地域を基盤にした活動（地縁型）、興味関心にもとづく活動（テーマ型）を問わず、60代が活動をけん引しているようです。家庭や子どもをもつことなどをきっかけに地域と何かしら接点ができ、徐々に社会とのかかわりが多様になっていく様子がうかがえます。

社会参加活動に「参加している」と回答した人の割合　図3-10

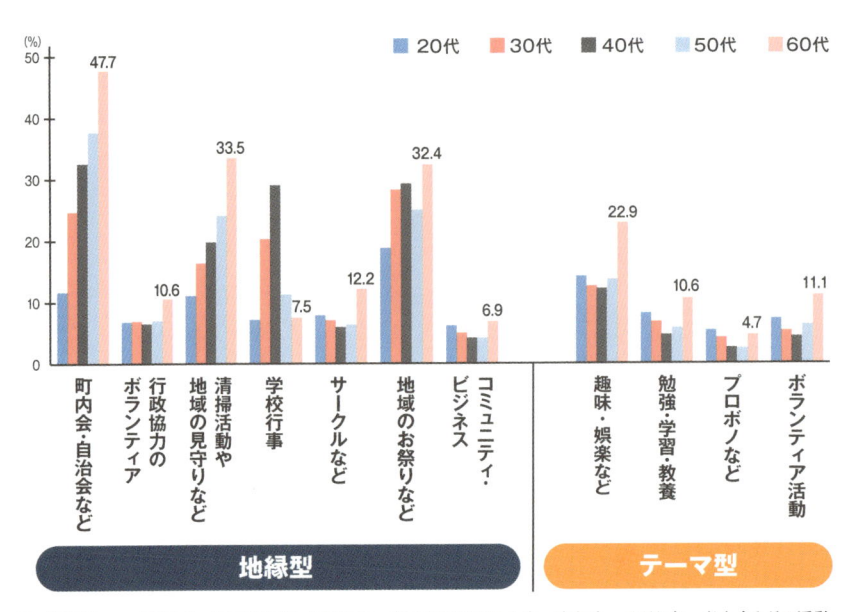

注：地縁型………「町内会・自治会など」は町内会・自治会等での婦人会、青年会、子ども会、老人会などの活動、「行政協力のボランティア」は行政協力のボランティア（民生委員、児童委員、青少年育成委員など含む）、「清掃活動や地域の見守りなど」は清掃活動、消防団活動、防災・避難訓練、地域の見守り活動、「学校行事」は地域の学校行事、PTA、保護者会、学校運営協議会など、「サークルなど」は地域のサークルやクラブ、「地域のお祭りなど」は地域の祭事（お祭りや運動会などのイベントなど）、「コミュニティ・ビジネス」は地域資源を活かした事業（商品づくり、販売、店舗運営、空き家の改築や管理など）を指す。
テーマ型………「趣味・娯楽など」は趣味・娯楽・スポーツに関する団体・グループ、「勉強・学習など」は勉強・学習・教養に関する団体・グループ、「プロボノなど」は個人の専門的な知識・スキルを活かした活動を行う団体・グループ、「ボランティア活動やNPOなど」はボランティア活動やNPOなどの市民活動を行う団体・グループを指す。

面倒くさい、けれど幸せ

　こうした社会参加活動に参加したきっかけとして、地縁型の活動は、日頃からのつきあいや必然的に順番が回ってくるという理由から「義理・半強制」と答えた人が多く、テーマ型の活動では「スキル向上・自己実現」といった自発的なきっかけが多いようです（図3-11）。

　地縁型の住民組織は、日本中のほぼすべての市町村にあり、その総数はお

参加のきっかけ

図3-11

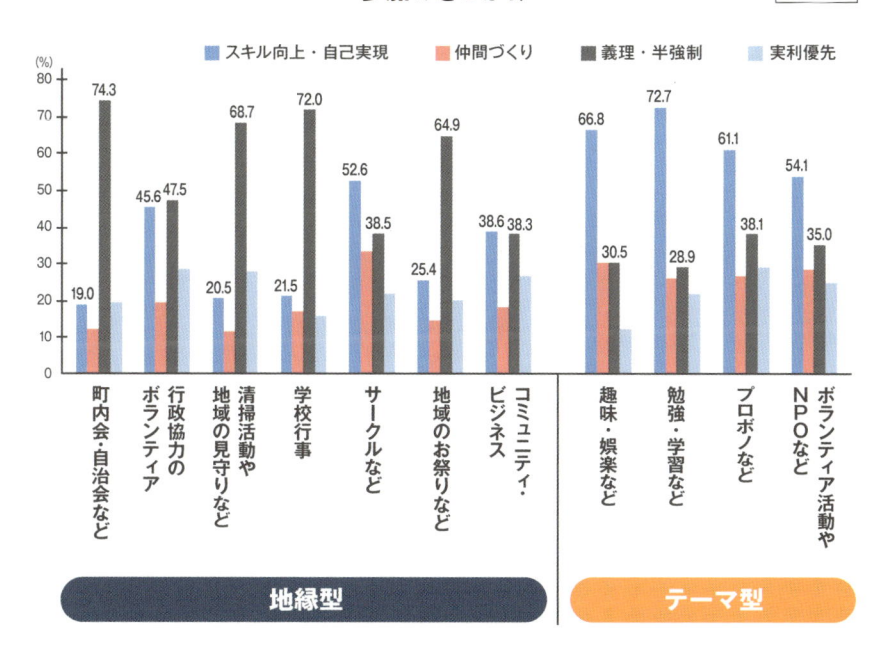

凡例: ■ スキル向上・自己実現　■ 仲間づくり　■ 義理・半強制　■ 実利優先

地縁型のデータ:
- 町内会・自治会など: 19.0 / / 74.3 /
- 行政協力のボランティア: 45.6 / / 47.5 /
- 地域の見守りなど: 20.5 / / 68.7 /
- 清掃活動や学校行事: 21.5 / / 72.0 /
- サークルなど: 52.6 / / 38.5 /
- 地域のお祭りなど: 25.4 / / 64.9 /
- コミュニティ・ビジネス: 38.6 / / 38.3 /

テーマ型のデータ:
- 趣味・娯楽など: 66.8 / / 30.5 /
- 勉強・学習など: 72.7 / / 28.9 /
- プロボノなど: 61.1 / / 38.1 /
- ボランティア活動やNPOなど: 54.1 / / 35.0 /

地縁型　|　**テーマ型**

よそ30万団体にのぼりますが（総務省「地縁による団体の認可事務の状況等に関する調査結果」2013年）、「同じ地域に住んでいる」というだけで、興味関心や職業、年代などもばらばらな人たちと関係を築いたり、活動したりする面倒さより、最初から志向や興味関心が同じ人たちと活動するほうが、コミュニケーションのとりやすさは優るかもしれません。

　では、面倒な人づきあいは避けたほうがよいのでしょうか。

　今回の調査データから、地縁型とテーマ型の活動をする人の幸福度得点を比べてみたところ、その差はほとんどみられませんでしたが（図3-12）、「活動に参加している」人のほうが「参加していない」人よりも幸福度得点は高い傾向にありました（図3-13）。参加のきっかけは、義理や半強制的で「面倒なもの」だとしても、ともに活動する時間を過ごすことや役割を担って主体的に活動することが、何らかのよい影響をもたらしていることが考えられます。

社会参加活動をしている人の幸福度得点（年代別） 図3-12

（単位：点）

	地縁型	テーマ型
全体	6.49	6.55
20代	6.34	6.33
30代	6.47	6.33
40代	6.31	6.27
50代	6.24	6.27
60代	6.83	7.01

注：「全体」は18～69歳の結果を指す。

社会参加活動の有無による幸福度得点 図3-13

（単位：点）

	活動内容	参加の有無	幸福度
地縁型	町内会・自治会など	あり	6.50
		なし	5.89
	行政協力のボランティア	あり	6.50
		なし	6.05
	清掃活動や地域の見守りなど	あり	6.59
		なし	5.95
	学校行事	あり	6.52
		なし	6.01
	サークルなど	あり	6.61
		なし	6.04
	地域のお祭りなど	あり	6.60
		なし	5.89
	コミュニティ・ビジネス	あり	6.44
		なし	6.07
テーマ型	趣味・娯楽など	あり	6.61
		なし	5.99
	勉強・学習など	あり	6.59
		なし	6.05
	プロボノなど	あり	6.40
		なし	6.08
	ボランティア活動やNPOなど	あり	6.52
		なし	6.06

人生のそれぞれの段階でつながりをもとう

　私たちにとって人とのかかわり方は家族や地域を基盤にした身近なものや、興味関心にもとづいたものなど、様々です。また、年代が上がるにつれ生活の大半を過ごす場所は学校や職場、そして家庭、地域社会などに変化していきます。

　こうした様々な人づきあいについて、「人生100年時代」という長いスパンで考えてみると、特定のつながりだけでなく、その時どきで多方面につながりをもっておくこと、そして多少の面倒くささを受け入れ、主体的にかかわり、ともに活動する人と試行錯誤していくプロセスが、つながりによる幸福感、そしてQOLの向上をもたらすのではないでしょうか。

4 何のための SNS?

つながるツールとしての SNS

　同じ趣味や嗜好をもった会員が集い、交流する場として始まったSNS（ソーシャル・ネットワーキング・サービス）。今では様々なSNSが登場し、自分の知りたいこと・見たいことを探しにいく能動的なツールとして、日常のコミュニケーションのみならず、写真や動画、ゲームなどを介して人とつながり、情報を集めたり、シェアしたりしながら交流することが当たり前になっています。

　私たちの日常生活に欠かせないツールとなりつつあるSNSは、どのように利用されているのでしょうか。

つながり続けるために、使い続ける

　SNSを利用する人は、全体で8割を超えており、特に10代、20代で9割

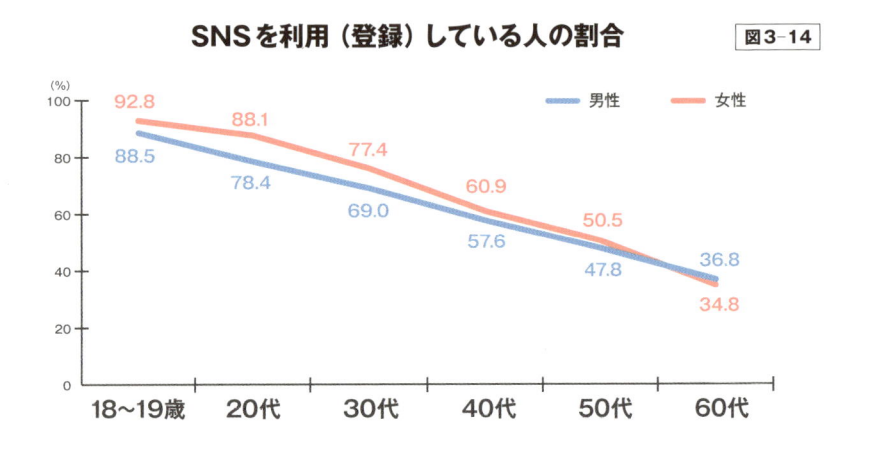

SNSを利用（登録）している人の割合　　図3-14

1日あたりのSNS閲覧時間（0分を除外）性・年代別ランキング

図3-15

平均	全体	1時間4分
	男性	55分
	女性	1時間12分

1位	女性18〜19歳	2時間36分
2位	女性20代	1時間54分
3位	男性18〜19歳	1時間46分
4位	男性20代	1時間12分
5位	女性30代	1時間7分

から8割前後と非常に高くなっています（図3-14）。1日あたりの平均利用時間は、1時間4分（男性55分、女性1時間12分）。10代、20代女性は、同世代の男性に比べて40分以上長くSNSを利用しています（図3-15）。利用目的としては、男女ともに「新たな知識や情報を得る」「時間（暇）つぶし」「連絡通信の手段」に続いて、「（現在の）友人や知人との関係維持」が高い傾向にありました（図3-16）。

　SNSは、画像やスタンプ、色彩など工夫次第で自在に、その時どきの気持ちなどを表現し、友人とのきめ細かなやりとりができます。そのため、情報収集や連絡通信のツールであるだけでなく、友人・知人との関係を維持するために必要不可欠な役割を担っているものと考えられます。

SNSで感じるストレス

　しかし、こうした「つながりやすさ」が、必ずしも良好な結果を生んでいるわけではなさそうです。

　SNSの利用でストレス（いやだ、不愉快、わずらわしい、イライラする、不安を感じる）について尋ねたところ、男性は4割前後（「あてはまる」「どちらかといえばあてはまる」の合計）であるのに対し、10代、20代の女性で5割前後と高く、年代が高くなると減少傾向にあるものの、40代でも4割がストレスを感じ

SNSの利用目的　　図3-16

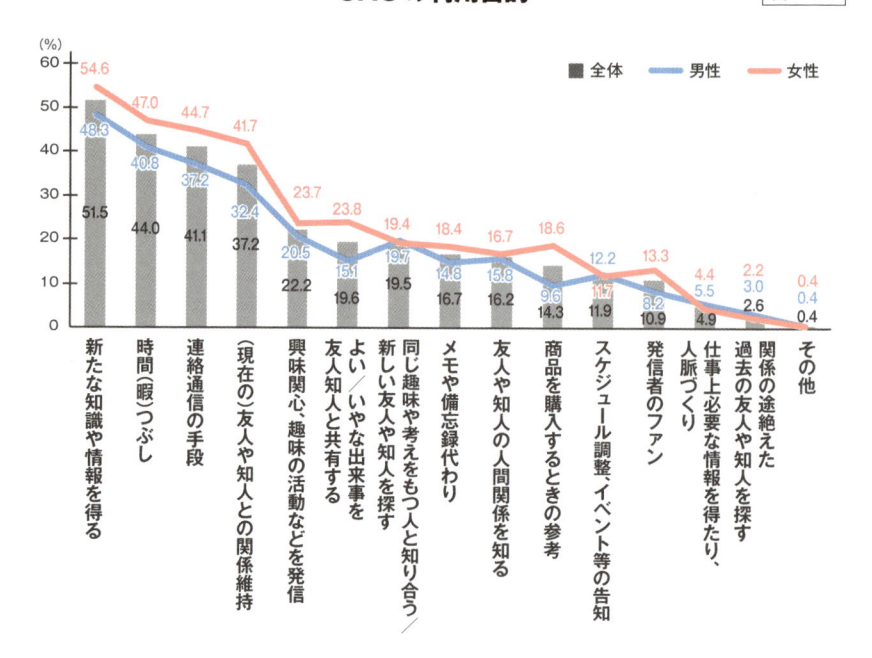

注：「全体」は18〜69歳の結果を指す。

ていることがわかりました（図3-17）。

　また、SNSを利用することで「気持ちが高揚」したり、逆に「落ち込み」を感じたりすることも、女性に高い傾向にありました（図3-18）。SNSは、男女ともに情報収集や人と人との関係づくりに便利で欠かせないツールとして利用されていますが、その反面、利用機会が多い若年女性では、やりとりする相手の反応や自分または周囲の投稿に一喜一憂し、そうしたことによるストレスが蓄積しているのではないかと考えられます。

SNSの利用でストレスを感じる

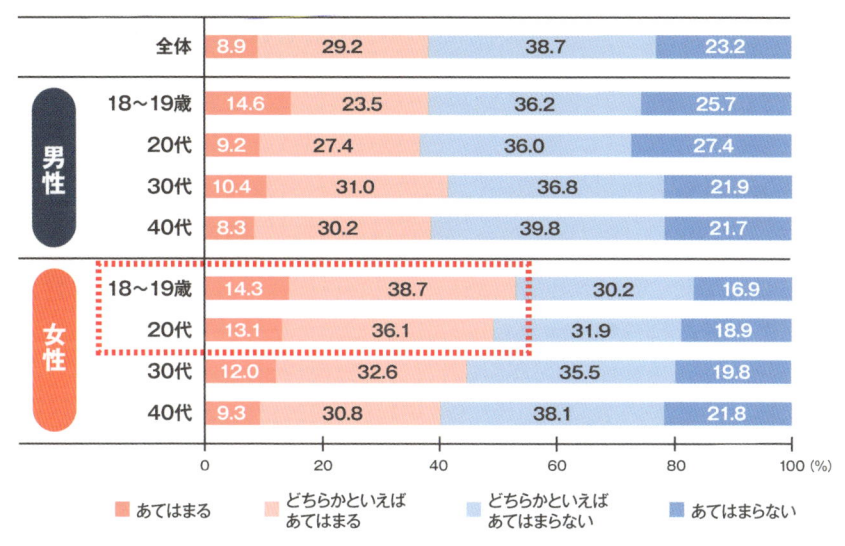

注：「全体」は18〜69歳の結果を指す。

SNSの利用で感じること

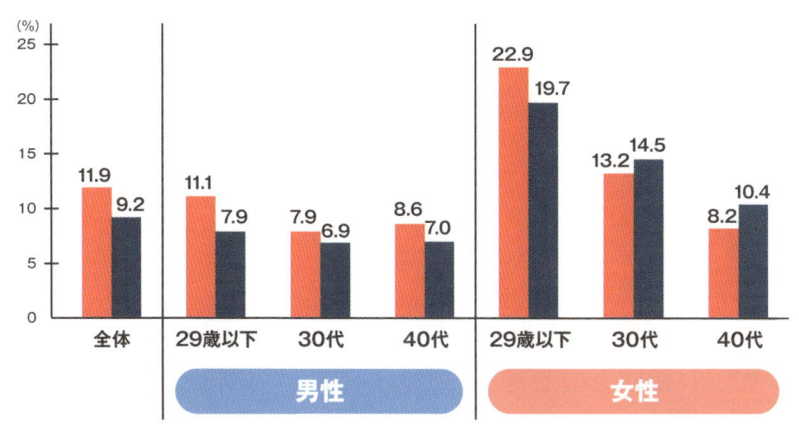

注：「全体」は18〜69歳の結果を指す。

自分自身にとって「望ましい」つながりをつくる

　SNSは、趣味や好み、自分の考えに似ているなど、ある種自分にとって都合のよいつながりを取捨選択できること、そして「フォロワー」や「リツイート」「いいね」といった反応が数字で示されるために比較や評価の対象になりやすく、そのことが利用者の喜怒哀楽に影響しやすい特徴をもっています。また、SNSへの依存が強いほど、そこに「いない」ことへの不利益（皆が知っているのに自分だけ知らない、話題についていけなくなるなど）を感じたり、知らなくてもいいことまで意図せず知ってしまったためにストレスを感じたり、利用する本人すら予測できない状況で使い続けているともいえます。

　手軽につながることができる便利なツールだからこそ、自分は誰とどのような関係をつくりたいのか、自分自身にとっての望ましい関係（つながり）ができているか見つめ直し、場合によっては一時的にでもやめてみる決断も必要ではないでしょうか。

遺伝子の衝撃
―SNSのつながり　現代版スモールワールド―

主任研究員　柏村祐

　「世間は狭い」と言われますが、それを確認する実験は、アメリカの社会心理学者スタンレー・ミルグラムが大学教授だった1967年に行われており、実験名はスモールワールド実験と呼ばれました。ミルグラムは、「The Small-World Problem」という論文で、スモールワールド実験について記載しています。

　この実験では、ネブラスカ州オマハの住人160人を無作為に選び、「同封した写真の人物はボストン在住の株式仲買人です。この顔と名前の人物をご存知でしたらその人の元へこの手紙をお送りください。この人を知らない場合は貴方の住所氏名を書き加えた上で、貴方の友人のなかで知っていそうな人にこの手紙を送ってください」という文面の手紙をそれぞれに送りました。

　その結果、42通（26.25%）が実際に届き、届くまでに経た人数の平均は5.83人でした。このことから世界中の人間は、6人の知り合いでつながっており、その理論は「6次の隔たり」と言われます。

　Facebookは、2016年2月に世界のアクティブユーザー15億9,000万人の友達関係を対象にした現代版スモールワールド実験の結果を発表しています。判明したことは、平均して3.57人を介すれば誰とでもつながっているというものです。

　米国ではICT（情報通信技術）の進展に伴い、ソーシャルネットワーク等を通じて人と人とのつながりが見えるようになっていくと同時に、遺伝

的なつながりが見える遺伝子バンクが拡大しています。遺伝子バンクが拡大する背景は、急速に市場が拡大している「遺伝子検査サービス」に起因しています。米国に存在する遺伝子検査サービスに遺伝子を登録している人数は、2019年1月時点ですでに2,600万人を超える状況となっています。

　海外の遺伝子検査会社が提供している解析情報サービスは様々です。解析結果から、自分の祖先情報や体質、健康リスクなどがわかるといわれています。また、網羅的な遺伝子検査の結果、今まで知られることがなかった事実も表面化しています。実際に起きた事例としては、ある家族全員で遺伝子を解析してみたところ、父親と子どもの血縁が確認できず、実は父親は別人だったことが露呈してしまい不仲となり、離婚したケースが発生しています。

　また、子どもの頃に育ての親から実の父は死んだと伝えられていたが、父親の名前が遺伝子親族リストに載っていたため、遺伝子親戚追跡機能を用いてコンタクトをとってみると生存が判明したケースなども起こっています。

　1967年に行われたスタンレー・ミルグラムのスモールワールド実験から50年以上経過し、SNSが「6次の隔たり」を「3.5次の隔たり」に進化させたように、究極の個体情報である遺伝子がSNSを通じてやりとりが始まれば、今までは実現できなかった医療や未病の領域にも活用できます。遺伝子を活用したつながりは今までの社会常識を根底から覆す可能性を秘めているのではないでしょうか。

【参考文献】
野沢慎司編・監訳『リーディングス ネットワーク論―家族・コミュニティ・社会関係資本』2006年、勁草書房

5 つながり "ぼっち"

助けを求める相手、いますか?

SNSに代表されるように、情報通信技術の発展に伴い、空間的、時間的にも制約がなくなったことで、私たちのコミュニケーションのあり方はますます変化しています。

日常的なやりとりはもちろん、災害などの有事における情報発信・情報収集においても、こうした「つながりやすさ」や「つながること」は、人と人の関係をつくり、維持するために、また、ときに助けを求めたりするために欠かせない要素だといえるでしょう。しかし、実際に助けを求められる相手がいるかと問われたとき、あなたは具体的な人物を思い浮かべることができるでしょうか。

多方面につながりをもつ女性、つながりが少ない男性

悩みを聞いてくれたり、アドバイスをしてくれたり、具体的な手段によって助けてくれたりといった、自分の周囲の人々からの有形無形の援助は「ソーシャルサポート(社会的な支援)」と呼ばれ、こうした人間関係は心身の健康にも影響を与えるとされています。

本書では、ソーシャル・サポートの分類として、J・S・ハウスによる4分類を参考に「情緒的つながり」「手段・道具的つながり」「助言・情報的つながり」「評価的つながり」と設定して、分析を行いました。

図3-19～21は、共感や傾聴などを通して相談に乗ったり励ましてくれる人(情緒的つながり)、形ある物やサービスを提供してくれる人(手段・道具的つながり)、そして問題の解決に必要なアドバイスや情報をくれる人(助言・情報的つながり)、相手の能力や努力を評価してくれる人(評価的つながり)は誰か

情緒的つながり

図3-19

男性

— 心配ごとや悩みごとを聞いてくれる人
— 喜びや悲しみを分かちあえる人

女性

— 健康を気づかってくれる人
— 一緒に余暇や休日を楽しむ人

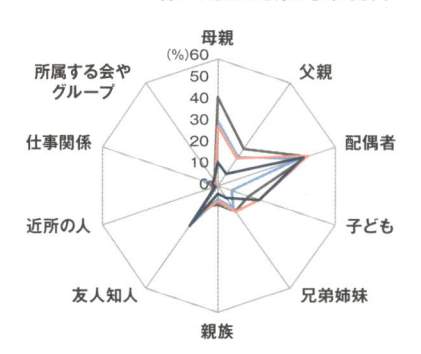
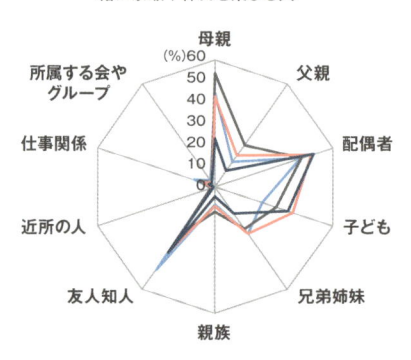

手段・道具的つながり

図3-20

男性

— 身辺のトラブルを一緒に解決してくれる人
— 病気で寝込んだときなどに手伝ってくれる人

女性

— 日頃のちょっとしたことの手助けをしてくれる人
— いざというときにお金の援助をしてくれる人

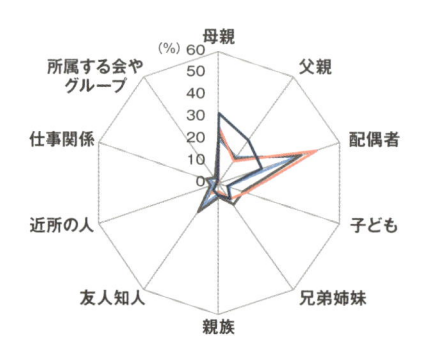
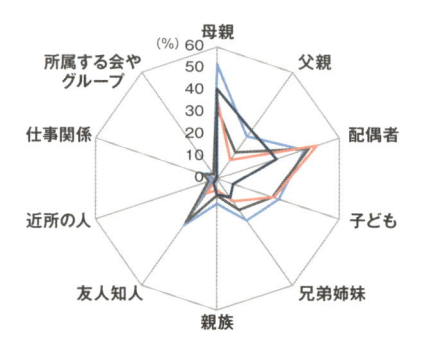

助言・情報的つながり、評価的つながり 　図3-21

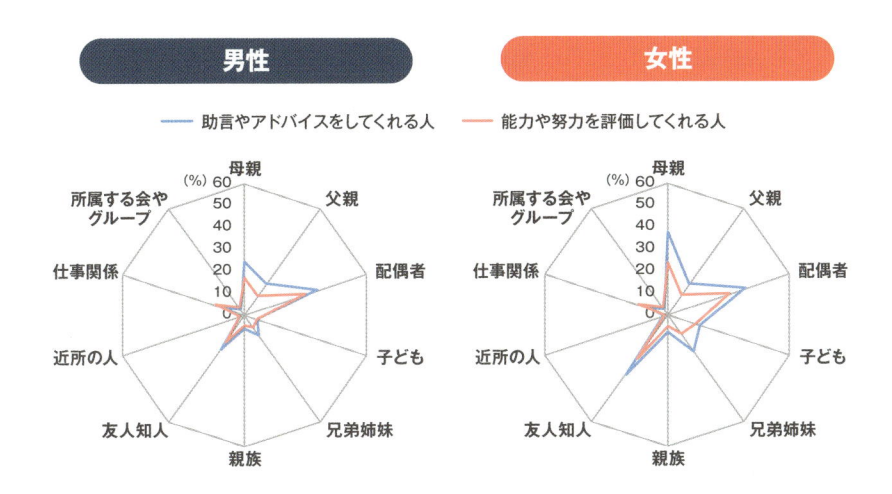

男性

女性

―― 助言やアドバイスをしてくれる人　　―― 能力や努力を評価してくれる人

を尋ねた結果をレーダーチャートで示したものです。グラフの図形の大きさやゆがみをみることで、つながりの多様さや偏りがわかります。

　結果を性別でみてみると、男女ともに「母親」と「配偶者」が高い傾向にありました。特に男性は、どの項目においても、母親と配偶者といった身近な異性の親族に偏っている傾向があります。女性は、情緒的か具体的かにかかわらず、母親、配偶者だけでなく、「子ども」「兄弟姉妹」、そして「友人知人」など、多方面にいると認識しているようです。

　また、男性は、こうしたつながりについて「誰もいない」と回答した人が女性よりも多い傾向にありました（図3-22）。特に、お金の援助や身辺トラブルの解決、自分を評価してくれる人といった、具体的な事柄をサポートしてくれる人がいないと考えている割合が高くなっています。

　対人関係が多様な人は、自分とは異なるモノの見方、興味関心や価値観、行動などに触れる機会を多くもっているということでもあり、対人関係が限られる人よりも、状況に応じたサポートを「選択できる」可能性をもっているといえるでしょう。

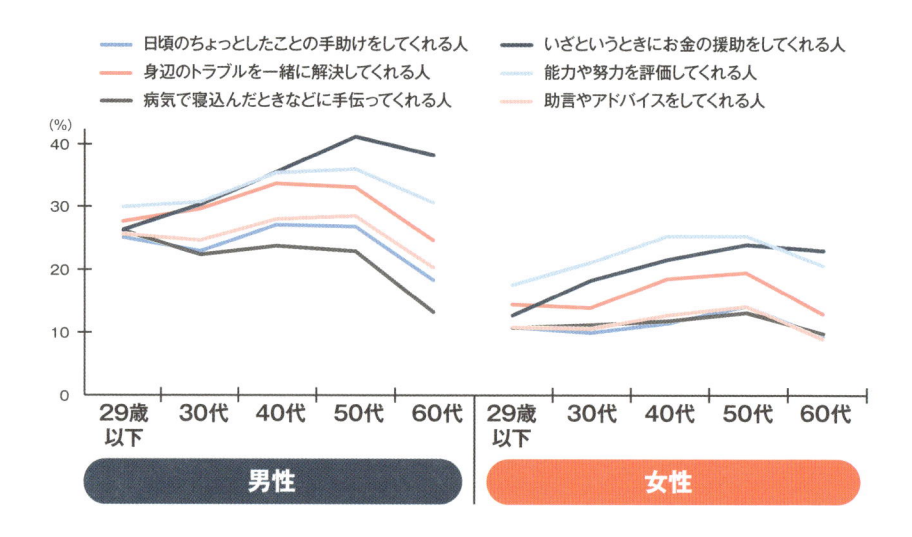

各種つながりについて「誰もいない」人の割合

凡例：
- 日頃のちょっとしたことの手助けをしてくれる人
- 身辺のトラブルを一緒に解決してくれる人
- 病気で寝込んだときなどに手伝ってくれる人
- いざというときにお金の援助をしてくれる人
- 能力や努力を評価してくれる人
- 助言やアドバイスをしてくれる人

男性：29歳以下／30代／40代／50代／60代
女性：29歳以下／30代／40代／50代／60代

若年女性に多い「孤独」「さみしさ」

　女性は支援してくれる相手を多方面に確保していますが、20～30代の若年女性は他者とのつながりについて、同年代の男性に比べ「孤独」や「さみしさ」を感じていることもわかりました（図3-23）。

　ライフステージ別でみると、特に"20～30代の独身""20～30代の夫婦のみ""末子が保育園・幼稚園に入る前"の女性にその傾向がありました（図3-24）。パートナーや子どもの有無にかかわらず、こうした層において、「孤独」や「さみしさ」を感じているようです。

　SNSの利用状況（118ページ以降）でも紹介したように、女性はつながりをもつことや関係づくりに積極的ですが、一方でストレスを感じているという実態がありました。

　なぜ、たくさんの「つながり」をもっているにもかかわらず、「孤独」や「さみしさ」を感じてしまうのでしょうか。

他者とのつながりで、「孤独」「さみしさ」を感じることがある

図3-23

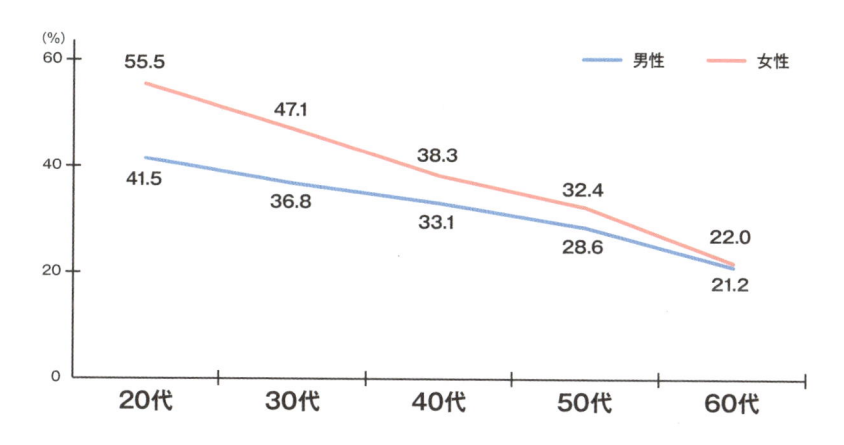

他者とのつながりで、「孤独」「さみしさ」を感じることがある（性・ライフステージ別）

図3-24

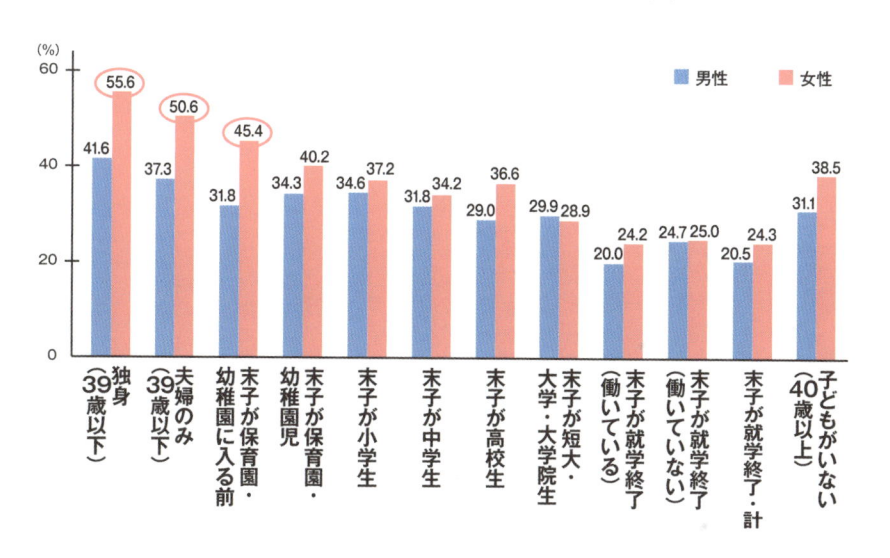

女性のライフコースとつながり

　日本人女性の平均初婚年齢は29.4歳、第1子出生時の平均年齢は30.7歳といわれるように（厚生労働省「人口動態調査」2017年）、女性は30代にかけてライフコースの大きな転換期に入ります。20代後半頃から周囲には結婚・出産を経験する人が増え、職場では新人から「中堅」といわれる立場となり、今後のキャリアについて考える時期にも差し掛かります。

　結婚するかどうか、どのようにキャリアを築いていきたいか、妊娠出産後に職場復帰ができるのか、復帰しても会社に居場所はあるのか、そもそも自分に育児ができるのか（育児がちゃんとできているのか）、職場に相談したら立場が弱くならないだろうか……など悩みは尽きません。独身でも、パートナーや子どもがいても、こうしたライフコースの変化に対して、1人で不安や悩みを抱えてしまう傾向にあるのではないでしょうか。

相談できる人の存在を確認する

　つながるための手段は多様になり、つながりやすさも劇的に向上しました。つながりをもつことは、いざというときの助けになるだけでなく、精神面の安寧をもたらすともいわれています。女性はこうした環境を上手に活用しながら、多様なつながりをもっているようです。

　しかし見方を変えると、多くの人とつながることで孤独やさみしさを克服したいという裏返しなのかもしれません。「孤独」や「さみしさ」という感情は、誰もがもつ自然なものです。こうした感情をネガティブなものとせず向きあっていくこと、また多くのつながりのなかで、本当に安心できる相手は誰なのか、相談できる場所があるのか、再確認することが必要でしょう。

　また、男性は高齢期になるとつながりがないがゆえに社会から孤立してしまうことが問題視されています。人づきあいは、いつも心地よいとは限りません。ときに不快な思いをすることもありますが、そうした積み重ねによって互いの信頼が生まれ、関係が築かれていきます。今は具体的な助けが必要なくても、長い人生でつきあい続けられそうな仲間はいるか、新たなつながりをつくるとしたら、どうしたいか考えてみることも必要でしょう。

　そして、こうした男女の特徴を社会が理解し、1人で不安に陥らないよう、あらゆる場面でのサポートが求められます。

6 「自分起点」の つながり再構築

人生のターニングポイント

　人生後半期のターニングポイントとなる定年退職は、これまでとこれからの暮らしを見つめ直す重要なイベントです。自分や家族の健康や老後にかかるお金のことはもちろん、人とのつきあいやつながりのあり方について見直す人も多いのではないでしょうか。

　定年後は、それまで生活の大部分を占めていた仕事上のつながりから離れ、「会社起点から自分起点」でつながりを再構築していかなければなりません。

つながりは大切だけど、頼れない

　では、こうした層の人々は、つきあいについてどのように考えているのでしょうか。

　高齢になるにつれ、人とのつきあいの考え方は変化しているようです。40代、50代では、「自分と合う人とだけつきあっていきたい」と考えている人が高い傾向にありますが、年を経ると徐々に減り、「一度できたつながりは大切にしたい」「年齢、性別、職業、経験など自分と異なる人とつきあいたい」と考える人が増える傾向にありました。

　他方、高齢になるにつれ、「親しくても友人や知人に助けを求めるのは気が引ける」や「友人や知人に頼むより、外注サービスを使ってお金で解決したい」というような、他者に助けを求めることを敬遠する傾向にあるようです（図3−25）。

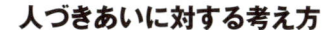

人づきあいに対する考え方 　図3-25

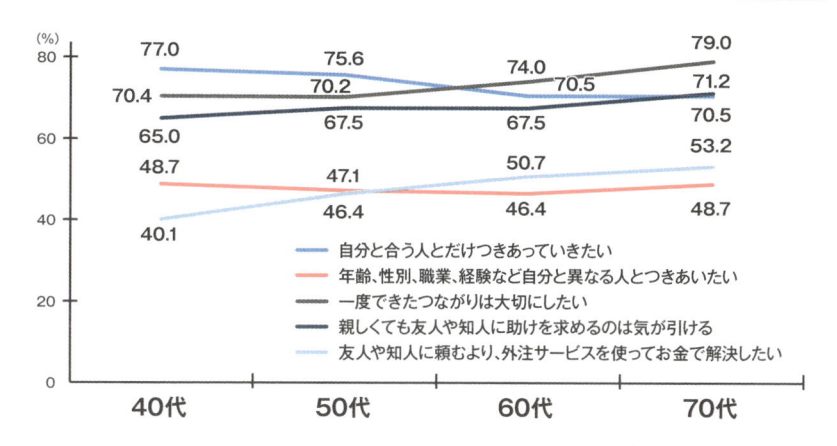

（％）

- 77.0　75.6　74.0　79.0
- 70.4　70.2　70.5　71.2
- 65.0　67.5　67.5　70.5
- 48.7　47.1　50.7　53.2
- 46.4　46.4　48.7
- 40.1

凡例：
- 自分と合う人とだけつきあっていきたい
- 年齢、性別、職業、経験など自分と異なる人とつきあいたい
- 一度できたつながりは大切にしたい
- 親しくても友人や知人に助けを求めるのは気が引ける
- 友人や知人に頼むより、外注サービスを使ってお金で解決したい

40代　50代　60代　70代

助けを求める相手がいるということ

　高齢になるにつれ、誰しも体力は衰え、物理的にも多くの支援が必要になります。

　そのことを理解しているがゆえに、年齢を重ねると他者へ頼ることに引け目を感じてしまうのかもしれません。しかし実際には悩みを聞いてくれたり、アドバイスをしてくれたり、具体的な手段によって助けてくれたりといった支援をしてくれる相手をもっている人のほうが、いない人よりも幸福度得点が高い傾向にありました（図3-26）。

　助けが必要になる場面が多い高齢期だからこそ、必要なときに「助けを求められる相手」を多方面にもち、少しずつでも助けを求められる関係をつくること、逆に助けを求められたら自分も力を貸せるよう「お互いさま」の関係づくりをしていくことが大切です。

つながりの有無による幸福度得点

図3-26

（単位：点）

			幸福度得点			
			40代	50代	60代	70代
情緒	あなたの心配ごとや悩みごとを聞いてくれる人	いる	6.17	6.25	6.79	6.96
		いない	4.30	4.45	5.25	5.74
	健康を気づかってくれる人	いる	6.11	6.22	6.75	6.96
		いない	4.22	4.27	5.17	5.11
	喜びや悲しみを分かちあえる人	いる	6.21	6.29	6.81	6.99
		いない	4.10	4.26	5.08	5.22
	一緒に余暇や休日を楽しむ人	いる	6.23	6.34	6.85	7.04
		いない	4.11	4.40	5.24	5.40
手段・道具	身辺のトラブルを一緒に解決してくれる人	いる	6.29	6.37	6.91	7.06
		いない	4.57	4.70	5.41	5.82
	日頃のちょっとしたことの手助けをしてくれる人	いる	6.18	6.29	6.84	7.01
		いない	4.42	4.54	5.34	5.70
	病気で寝込んだときなどに手伝ってくれる人	いる	6.18	6.27	6.81	6.98
		いない	4.25	4.39	5.22	5.60
	いざというときにお金の援助をしてくれる人	いる	6.20	6.29	6.86	7.09
		いない	4.94	5.18	6.10	6.43
情報	助言やアドバイスをしてくれる人	いる	6.23	6.31	6.85	7.01
		いない	4.31	4.56	5.37	5.72
評価	能力や努力を評価してくれる人	いる	6.34	6.43	6.98	7.10
		いない	4.69	4.82	5.62	6.10

必要なときに助けを求められるように

　長い人生の間で、どのような目的で、どのような人とつきあうのかは変化していきます。若いときには、ビジネスチャンスをつかむためや自身のスキルアップ、自己啓発のためかもしれません。しかし、高齢期に「つながり」があるかないかは、心身の健康状態にも影響を及ぼします。

　人づきあいを整理して、気のあう人とだけつきあうことや、あえて1人でいることを決めるのはそれぞれの選択ですが、いざというときにつながる相手がいること、助けを求める行為ができる「私」でいることが、よりQOLを高め、幸せに高齢期を過ごすポイントになるのではないでしょうか。

　定年後の過ごし方として、現役時代ほどでないにせよ、何か仕事をしたり、社会参加活動に取り組んだり、また市民大学などで興味あるテーマを学んだり、趣味のサークルに参加するなど、身の回りにはたくさんの選択肢と機会があります。これらは、自治体や福祉協議会などの各種団体でも主催しているので、まずは身近にどういった取り組みがあるのか調べてみたり、気になった活動へ試しに足を運んでみてはいかがでしょうか。

【参考文献】

金子郁容、玉村雅敏、宮垣元編著『コミュニティ科学─技術と社会のイノベーション』2009年、勁草書房

日本広報協会「市町村広報広聴活動調査結果」（2016年度）

日本広報協会ホームページ https://www.koho.or.jp/index.html（2019年5月に閲覧）

広井良典、小林正弥編著『コミュニティ─公共性・コモンズ・コミュニタリアニズム』2010年、勁草書房

House, J. S., Work stress and social support : Addison-Wesley Publishing Company, 1981

Julianne Holt-Lunstad, Timothy B. Smith, J. Bradley Layton. Social Relationships and Mortality Risk: A Meta-analytic Review. PLoS Medicine 2010;7（7）: 1000316

つながりの可能性
―誰もが誰かをケアしている―

京都大学こころの未来研究センター
上廣寄付研究部門　講師
国立長寿医療研究センターもの忘れセンター外来研究員　清家　理

昨秋、「AIに聞いてみた どうすんのよ?! ニッポン」（NHKスペシャル 第3回健康寿命）にてAIが、健康寿命の延伸に必要な事柄として「本を読む」「一人で暮らす」「地域の治安をよくする」を提案しました。この提案は一見、本書のテーマと関係性が皆無のように見えます。しかし、「本を読む」「地域の治安をよくする」については、前者は図書館通い、後者は防犯等が徹底された安全な環境下での近隣どうしの散歩というもので、運動と他者交流がキーワードでした。拡大解釈するなら、AIもつながりの大切さを示唆しています。

つながりの大切さを語るとき、対極の社会的孤立が引き合いに出されます。社会的孤立の定義は、家族や地域とほとんど接触がない[1]というものです。社会的孤立は認知症のハイリスク要因[2]とされ、生活習慣病の予防習慣「一無・二少・三多」でも、三多にて多接が重要とされています[3]。

健康増進の政策動向でも、社会的孤立予防は重要ポイントであり、誰かとのつながりづくりの切り口として、運動等のサークル活動推進があげられます。個人の機能増進、いわば健康にかかる自助醸成の推進が潮流であり、「楽しくないけど参加せねば」「無理してでも運動せねば」という思考の呪縛にとらわれがちです。

しかし、機能増進を図れている者たちの「同好の士」が強くなりすぎた結果、人為的に社会的孤立をつくり出す危険性も孕んでいます。人為的な社会的孤立は、異を認めない、受容しないことによる「負のつながりの強さ」をつくり出します。たとえば、健康指標の生化学的数値が悪化した、予防を目指していた疾患を発症した等のエピソードを有するとします。これらのエピソードを「集団での落伍者」とみなすような雰囲気がある場合、エピソードを有する人は、集団に帰属しづらくなります。これが、同好の士の強さに伴う集団からの排除です。負のつながりの強さ

つながりをみなおすツール：エコマップの活用　図3-27

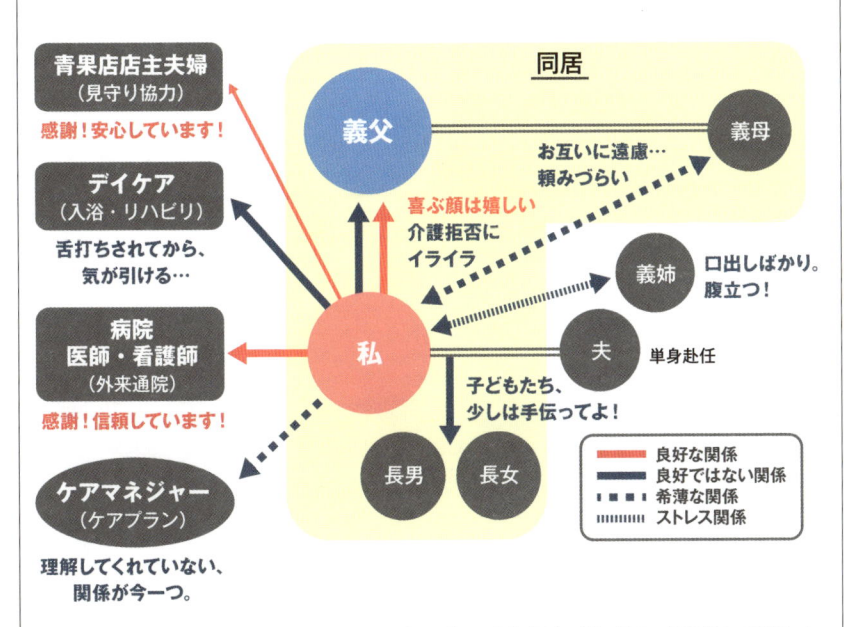

※演習例題用に設定したもの。本図は、認知症を有する義父を義娘（図中：私）が主たる介護者として介護している場面を設定しており、介護にかかわる人間関係を図示している。
注：エコマップ
　人と環境の相互作用の場を生活とし[7]、そこで生じる生活課題に焦点をあてながら、生活上の課題を抱えている当事者やそれを取り巻く人々との関係性（状況）を視覚化する、ソーシャルワークアセスメントツールの1つとして用いられる。

は、持続可能な健全なつながりとはなりません。

　では持続可能な健全なつながりをつくり、維持するためにはどうすればいいのでしょうか。まずは、自分（個人）を中心とした人、モノとのつながりの中身を見直すことが最初の一歩です。エコマップ[4]もその１つです（図3-27）。つながり方に無理がないか、つながりの強さ、必要性、歴史等をふりかえりながら、自分だけのつながり物語を紐解いてもいいでしょう。

　そして、つながりのなかで、自分が得ているもの、自分が提供しているものを４つのサポート（Social support。情緒的：励まし、応援による自尊感情の維持；手段的：実質的な手助け；情報的：役立つ情報の提供；評価的：役割や行動を適切に評価する）の視点で見直すと、新たな発見になるでしょう。きっと誰もが４つのソーシャルサポートの授受に気づくはずです。つまり、誰もがつながりのなかで誰かをケアしているともいえます。Care（ケア）の本来の意が、相手に対して気持ちが向いている、相手を思いやる[5]というものだからです。

　つまり、相互に相手に対して心を向ける、思いやることにより、互助の土台[6]を醸成する種が日々の生活のなかにあるともいえます。つながりに潜む互助醸成の種を見つけ、育てるなかで、個人のQOL向上のみならず、個の集合体として、コミュニティのQOL向上も図れるものと思われます。

　これを率先して見つけ、育てる人材のロールモデルが、昔でいう「街のお節介役」です。あなたの周りに、そのような人がいるでしょうか。あなたはそのような人材になっているでしょうか。もしくは、なれるでしょうか。

【出典】

1　Victor, C., S. Scambler, and J. Bond, The Social World of Older People: Understanding Loneliness and Social Isolation in Later Life, New York: Open University Press, 2009.

2　G. Livingston, et.al. Dementia prevention, intervention, and care. The LANCET COMMISIONS. Vol. 390（10113）: 2673-2734. 2017.

3　日本生活習慣病予防協会（2018 更新）「生活習慣病とその予防」Retrieved June 14, 2019, from http://www.seikatsusyukanbyo.com/main/yobou/02.php

4　清家理、櫻井孝（編著）「これだけは伝えておきたい!〈福祉〉家族介護者のストレスマネジメント方法」『認知症家族介護者のための支援対応プログラム』（国立長寿医療研究センター家族教室プロジェクトチーム編）P38, 2017. http://www.pref.aichi.jp/uploaded/attachment/247964.pdf

5　江藤裕之「通時的・統語論的視点から見たcareとcureの意味の相違──care概念を考えるひとつの視点として」Bull. Nagano Coll. Nurs. 長野県看護大学紀要9:1-8, 2007

6　清家理「超高齢社会における健康と幸福──猪突猛進の健康寿命の延伸政策に未来はあるか」『月刊ガバナンス』2018, 12, 236, 12, 92-93.

7　岩間伸之「第2章　ケースワークの展開」大塚達雄ほか編著『ソーシャル・ケースワーク論』ミネルヴァ書房, 1994. p87-p91.

第4章

幸せな「消費」戦略

主席研究員　　宮木　由貴子

1 「人生100年時代」に向けた消費

　「生命寿命」を支える3つの人生資産のうち、お金が生活の基盤となる重要な人生資産であることはいうまでもありません。もちろん、人によって家族構成や生活スタイル、あるいはそもそもの価値観が異なりますから、幸せになるための金額はそれぞれです。

　しかし、自分の生活のなかで、しっかり考えて収入、支出を管理することが、将来のための資産の形成につながっていくことは変わりありません。収入はある程度決まっていたり、不測の事態で増減したりしますが、支出は自分でコントロールすることができる範囲が大きいものです。資産形成をデザインする上では、支出のコントロールはより重要だといえます。

増やしたい支出項目／減らしたい支出項目

　では、人々は日々の生活において、どのような支出を増やしたい、もしくは減らしたいと感じているのでしょうか。

　支出を増やしたいと思っている項目のトップは、ダントツで財産づくりです。特に20〜40代で高く、60代で急に回答が減る傾向があります。

　比較的若い世代で貯蓄への関心が高く、60代になると増やしたい項目が「特にない」にシフトするなど、不安定な就労状況や不透明な老後生活に対する不安が、財産づくりを優先し、消費に慎重な家計行動をもたらしています。

　末子が未就学児から中学生くらいという人では、子どもの教育費を増やしたいと考えている人が非常に多く、子どもの成長に伴って趣味・娯楽費への出費に関心が移行していく様子がうかがえました。

　一方で、減らしたいと思っている項目の上位5位までをみると、水道・光熱費や通信費といったインフラ系と、外食費や食費（外食費除く）といった食事系

順位	今後、支出を増やしたいと思っている項目	今後、支出を減らしたいと思っている項目
1位	貯蓄など財産づくり（41.5%）	水道・光熱費（30.4%）
2位	特にない（29.6%）	外食費（28.1%）
3位	趣味・娯楽費（26.0%）	通信費（26.6%）
4位	子どもの教育費（12.7%）	食費（外食費除く）（25.0%）
5位	健康増進・美容のための費用（11.0%）	特にない（21.7%）

が上位になっており、インフラ系と食事系についてもっと削りたいと考えている
人が多いことがわかります。

買うこと自体は嫌いじゃない

　最近の消費者、特に若い世代はあまり消費をしないと指摘されることが多い
ですが、若者は買い物に興味がないというわけではありません。「買い物をする
のが好きだ・楽しい」とする人は、特に10代から30代までの若い女性で非
常に多いのです。消費をしないといわれるのは、「買い方」に変化がある可能
性が考えられます。

買い物をするのが好きだ・楽しいとする割合　　図4-2

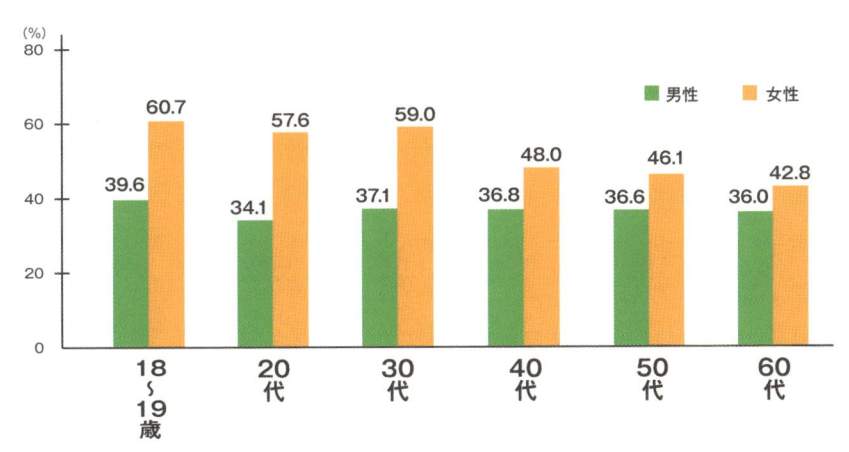

モノの買い方は変化した?

モノの買い方について、過去の調査データと比較すると、「高くても良質のモノを買う」とする人が年々減少しています。また、2015年から「よく考えてモノを買う」傾向も下がっています。これに連動するように高まっているのが、「価格の安いモノを選ぶ」との回答です。「買い物が好き」は2015年までに大きく増えたあとは傾向に変化がみられません。

これらの傾向は、買い物は好きで、それなりにモノも買うけれど、モノへのこだわり方が変化したことを意味していると考えられます。若者と話をすると、お金に困っているとか、節約しているといった意識はそれほどなく、欲しいモノもほどほどに(彼らに言わせれば「普通に」)買っていると言います。「どうしても」というこだわりのモノ以外を購入するのに選ぶ時間やお金をかけるのは、無駄だと考えているのかもしれません。

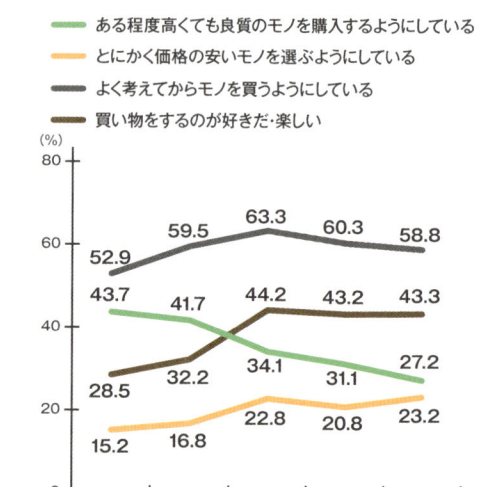

モノの買い方の変化　図4-3

- ある程度高くても良質のモノを購入するようにしている
- とにかく価格の安いモノを選ぶようにしている
- よく考えてからモノを買うようにしている
- 買い物をするのが好きだ・楽しい

(%)	2005	2010	2015	2017	2019(年)
よく考えてからモノを買う	52.9	59.5	63.3	60.3	58.8
ある程度高くても良質	43.7	41.7	34.1	31.1	27.2
買い物をするのが好き	28.5	32.2	44.2	43.2	43.3
とにかく価格の安い	15.2	16.8	22.8	20.8	23.2

3つの人生資産形成への出費の実態と投資意向

では、「健康」「お金」「つながり」の3つの人生資産形成には、どの程度出費をしているのでしょうか。これらにお金を使っている人に対して、実際に月々どの程度出費しているのかをみてみました。

健康については、健康維持や体力維持に向けた出費額を、お金について は将来の収入アップに向けた学習やスキルアップに対する出費額を、つながり については交流やネットワーク形成・維持のための出費額を尋ねています。

　その結果、「健康」と「お金」については男性より女性で若干平均額が高く、 「つながり」については男性が女性を大きく上回っていました。

　一方、月額いくらまで出してよいと思うか、という許容額を尋ねると、いずれ も実際の出費額よりも高く、特に「お金」については1,424円の差がありまし た。

　消費にあまり積極的でないようにいわれる現代の消費者ですが、この結果か らは「健康」「お金」「つながり」の３つの人生資産に対する投資意向が感じ られます。

　タイミングや時間の確保など、健康づくりや資産形成に向けた学習、つなが りの形成・維持にはそれなりの努力が求められる面もありますが、もっと投資し てもよいと考えている人が多いようです。

人生資産形成にかかわる出費額と許容額　図4-4

	実際の出費額 （月額）	出してもいいと 思う金額 （月額）	差額
【健康面】 自分や家族の健康維持や体力づくりにかける金額	6,599円	7,426円	827円
【お金面】 将来の就労に向けた学習やスキルアップにかける金額	4,804円	6,228円	1,424円
【つながり面】 仲間との交流やネットワークの形成・維持にかける金額	6,812円	7,669円	857円

家計のデザインは広い視野で自分視点で

　3つの人生資産のうち、「お金」は生活の基盤となる重要なもの。しかし、幸せになるための金額は人それぞれです。自分の生活のなかで、しっかり考えて収入、支出を管理することが、将来のための経済的な備えにつながります。

　家計をデザインする上では、支出のコントロールが重要です。今後減らしたい消費項目はインフラ系と食事系、増やしたい項目は何はともあれやはり貯蓄となっています。若い女性を中心に買い物は好きな人が多いですが、熟考していいモノを買うより、サクッと安価に買う傾向もみられます。

　「人生100年時代」においては、より広い視野をもち、「健康」「お金」「つながり」の人生資産形成に対する投資をもっと意識してみてはいかがでしょうか。

若者は借金をしているほうが
幸福度が高い!?

研究員　神村玲緒奈／主席研究員　村上隆晃

金融負債高の多い層の幸福度が高い

　今回の調査では、20代、30代の幸福度は、借金である負債高が最も多い1,000万円以上の層のほうが、負債のない層よりも高いという結果になりました（図4−5）。なぜ借金の多い層の幸福度が高いのでしょうか?

借金のほとんどは住宅ローン

　この借金の正体は住宅ローンが大半です。従来であれば、40代以降になって住宅を購入する人が多かったのに対し、実は近年、低金利の影響もあって20代、30代で購入する人が増加しており、住宅取得の早期化が進んでいます。

　特に30代の住宅取得の増加が顕著であり、総務省の家計調査（総世帯うち勤労者世帯）によれば、30代の持家率は2002年から2017年までの15年間で37.8%から49.1%（＋11.3%）に上昇しています。また、20代、30代の負債高の内訳では、90%以上を住宅ローンが占めています。

　つまり、「借金が多い人」ではなく、「住宅を持っている人（住宅取得者）」の幸福度が高い傾向にあると考えられます。

住宅取得の満足感と住宅ローン保有リスク

　この幸福度の高さの要因としては、住宅取得による満足感が考えられます。たとえば、出産や子どもの成長で家が手狭だと感じていた人は、より広い家に住めることで満足感が得られます。ほかにも、一生に一度の大きな買い物をしたことへの満足感もあるでしょう。こうした満足感が幸福度につながり、人生のモチベーションも高まるとすれば、住宅の早期取得は人生を豊かにする積極的な自己実現方法の1つといえるでしょう。

　一方で、住宅ローンにはリスクが伴うことにも注意が必要です。たとえば変動利率で住宅ローンを借りる場合、将来金利が上昇した際にはローンの返済額が上昇し、家計を圧迫する可能性があります。さらに、病気などの理由で働けなくなり収入が減る可能性や、子どもの養育費などが想定以上にかかる可能性もあり、住宅ローンの返済が困難になるリスクがあります。

将来の持続的な幸福のために

　「人生100年時代」といわれる昨今、長期間にわたって高い幸福度を保つには、こうした様々なリスクに対してしっかりと備えておく必要がある

20代・30代　幸福度内訳　　図4-5

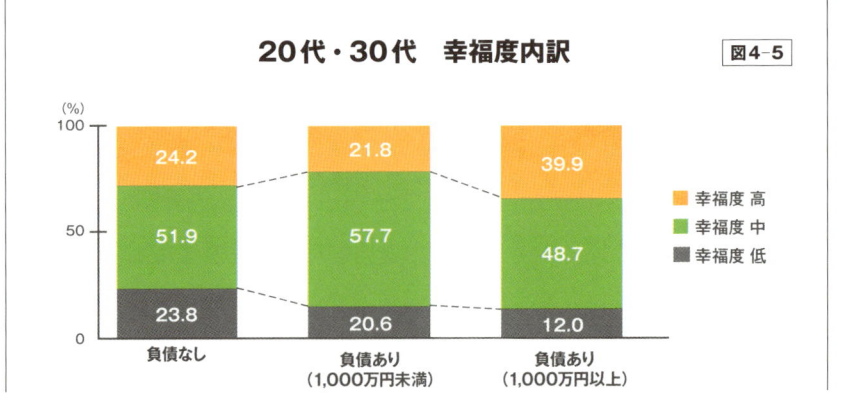

でしょう。金利上昇リスクに備えて無駄な出費を減らす、病気のリスクに備えて保険に加入する、想定外の出費や将来に備えて貯蓄や投資などの資産形成を始めるなど、今からでもできることは様々あります。リスクを知った上で、できることから1つずつ対処し、持続的な幸福を目指していきましょう。

住宅取得者は既婚者で高収入が多い

住宅取得者のほとんどが既婚者であり、さらにいえば、ローンが組めるほどの安定した収入がある人が多いと考えられます。

しかし、同じ既婚・高収入者（年収500万円以上）で比較してみても、住宅取得者（負債高1,000万円以上）のほうが幸福度が高い傾向にありました。

家を持つことによる幸福感は、高収入の既婚者にとっても高いと考えられます。

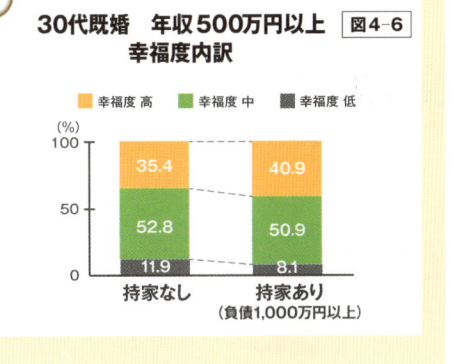

30代既婚　年収500万円以上　幸福度内訳　図4-6

■ 幸福度 高　■ 幸福度 中　■ 幸福度 低

	持家なし	持家あり （負債1,000万円以上）
幸福度 高	35.4	40.9
幸福度 中	52.8	50.9
幸福度 低	11.9	8.1

「資産寿命」の視える化
──ライフデザイン3.0での家計簿アプリの活用──

主任研究員　柏村祐

　キャッシュレス化の進展により、無料家計簿アプリの普及が拡大しています。トップシェアを誇る家計簿アプリを例にとると、2019年2月時点で利用者数は750万人を突破しています。家計簿アプリは銀行やクレジットカード、ECサイト、証券会社等の2,650社以上の金融関連サービスと連携することで入出金の履歴や残高を取得し、家計簿を自動化するサービスです。

　家計簿といえば、家計簿ノートを購入し毎日レシートを見ながら記帳することが一般的でしたが、自動で金融関連サービス企業からの情報を取得してくれる家計簿アプリの利便性が高いことは言うまでもありません。

　経済産業省が公表しているキャッシュレス・ビジョン[1]によれば、家計簿アプリの利用をきっかけにクレジットカード利用が増えた人は62%、現金支払いを減らした人は47%、電子マネーの利用が増えた人は45%に達しています。また家計簿アプリを利用したことにより収支改善した人は、1か月あたり平均21,513円の節約を実感しており、「家計や資産の管理がラクになった」と回答した人は81%にのぼります。副次的な効果として、家計簿アプリを利用したことにより「お金の勉強や情報収集をするようになった」や「無駄遣いが減った」という意見が寄せられています。

　実際に筆者も家計簿アプリを利用していますが、使ったお金が自動連動されるため、従来のような家計簿入力作業はありません。特に気に

入っているところは、過去数か月の日用品や交際費や光熱費等に分類された主要な支出項目明細の推移が、一目でわかりやすく可視化されていて、自分の支出のどこに無駄があるのかを瞬時に把握できる点です。

　また、家計診断機能といわれるものもあり、750万人以上の家計簿アプリ利用者から集められるお金の収入と支出に関するデータを人工知能を用いて分析することで、理想の家計と自分の家計の比較診断も受けられる仕組みとなっています。

　ちなみに2019年5月の筆者の家計診断の結果は「理想の家計に比べて20,898円支出を抑えられています。この調子で、問題ありません」となっており、体の健康診断のようにマンスリーで資産の健康診断を受けられます。併せて、食費や光熱費、趣味・娯楽といった項目についても理想の家計との比較ができるので、お金の使い方が完璧に可視化されるのです。

　一方、過去や現在のお金の状況のみならず、現状のデータをもとに今後の資産を計算しお金の未来を予測できるシミュレーター機能があり、未来に生まれるであろう子どもの人数や住宅購入のイベント情報を追加しシミュレーションなどもできるので、「家計簿アプリ」は「人生100年時代」の資産寿命のパートナーともいえるのではないでしょうか。

　国が公表している「未来投資戦略2018」の重点分野としても、キャッシュレス化はフラッグシッププロジェクトとして明記されています。

　一方で、企業が主体となるスマートフォンのQRコードを活用した様々なPAYサービス合戦が話題となっています。Society5.0で実現する新たな国民生活や経済社会をゴールと見据えるならば、キャッシュレス化の流れは今後も加速することが想定されます。ライフデザイン3.0の中核を位置付ける「資産寿命」の健康診断ツールである家計簿アプリは、キャッシュレス時代の必需品といえます。

【出典】
1　経済産業省商務情報政策局商務・サービスグループ消費・流通政策課（平成30年4月）

モノよりコトかと問われれば

　最近の消費者は、モノよりコト志向だといわれます。これは、自分の持ち物を「ハード」として増やすより、体験や思い出などの「ソフト」によりお金を使いたがる傾向があるのではないか、ということです。

　実際にデータをみると、その割合は全体として半数程度でした。性別・年代別では、男性より女性で「モノよりコト志向」といえます。特に女性の30代と60代ではほぼ6割の人が「モノよりコト」と回答していました。

　収入別にみると、年収1,500万円までは大きな差はありませんでしたが、それ以上の収入の人でコト志向が高い傾向もみられました。一部の高所得層で

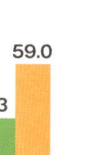

モノを増やすことより、体験やイベントなど 「過ごす時間・空間」にお金をかけたいとする割合

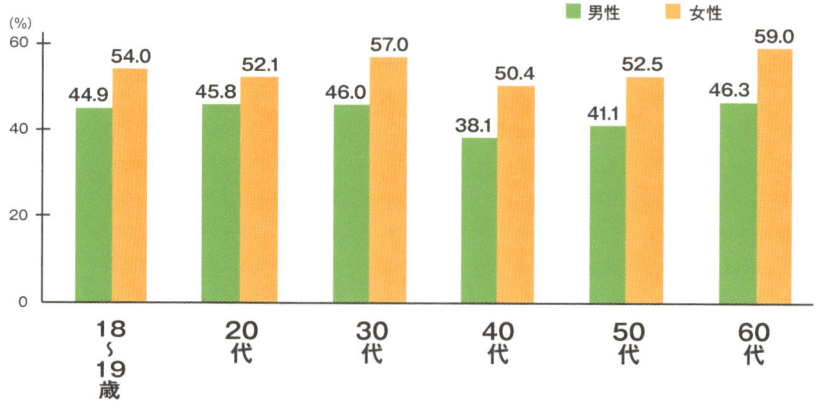

はもはや欲しいモノがない、と感じられるのかもしれません。

　また、小さい子どもをもつ女性（特に長子が未就学児）では、約6割に「モノよりコト志向」が見られました。これは、家族や子どもとのレジャーや外出・思い出づくりへのニーズなども作用している可能性がありそうです。

「持つこと」より「ハピネス（Happiness）」志向で具体的豊かさ体感

　ここ数年で、モノへの執着を捨てて生活や心身の安定を図ったり、自分にとって必要最小限のモノだけで暮らす「ミニマリスト」など、モノを持つことに縛られない暮らし方が市民権を得ました。

　「とりあえず持っておく」「もらえるものは何でももらっておく」「もったいないから捨てずにとっておく」という志向は、モノを捨てることがもったいないという考え方に加え、たくさん持っていることが豊かさを意味していたことの名残でもあります。実際、「蔵が建つ」などというように、昔は大金持ちになることは大容量の収納力を持つことと同義だったわけです。

　それがなぜ、モノを持たないことが豊かさの一形態となったのでしょうか。理由はいくつかあります。見栄で高価なモノをたくさん所有するより、自分の好きなモノだけ持ちたい、という志向。また、多忙な共働き世帯が増え、さっと掃除をしたり自動掃除機を使うにあたっては、雑然とした部屋だと不便であること。さらに、長寿化により、老親を看取ったあとの子世代もすでに高齢者という状況で、親の膨大な遺品を整理するのは大変であることなどです。

　また、たとえば最近ではCDを買わない人が多くなりましたが、これは音楽を聴く人が減ったということではありません。人が欲しいと思っていたのは「CD」というモノではなく、「音楽を聴く」というコトであったことによります。現在の販売方法で、モノがなくてもコト（音）だけ買えるようになったという点も、見逃せない「コト」消費化の1つといえるでしょう。

　日々の暮らしの効率性や将来のことを考えたとき、「実はモノはそんなに必要ではなかった」と気づく人が増えたのではないでしょうか。それよりも自分自身を中心に、ハピネスを体感できる「コト」に目を向けたいと考える人が多くなって

いるようです。

　さらに、モノよりコト化の背景には、「コト」を可視化して気軽に人に見せられるようになったことも影響している可能性があります。SNSなどで自分の体験や状況を公開し、他者からの反応をもらうことで、実際のハピネス体験に加えて、それをネタとしたコミュニケーションや他者からの承認といったプラスαの効果が期待できることも、コト消費を後押ししていると考えられます。

持たずに使う生活＝借りる?　シェア?

　モノを持たずに利用するのであれば、「借りる」という消費行動の増加が期待されます。今後、あまり使わないモノはレンタルやシェアリングを利用したいかについて尋ねたところ、男性より女性で、さらに若い世代で支持が高い傾向がみられました。

　レンタルやシェアリングについては、年代が高い人よりも若い世代の利用意向が期待できそうです。今後こうした若者が年齢を重ねていくにつれて、社会の消費システムをさらに変革していく可能性があります。

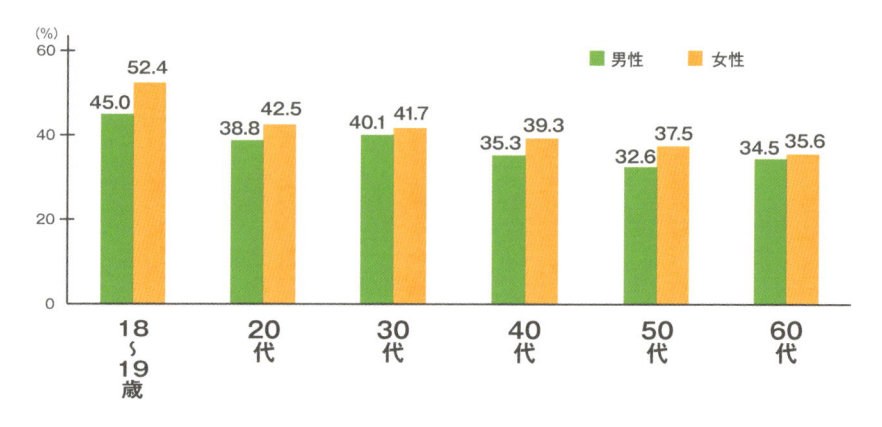

今後、あまり使わないモノはレンタルやシェアリング（共有）を利用したいとする割合　　図4-8

シェアリングはつながり消費なのか

モノからコトへのシフトは、シェアリングという言葉の普及と時を同じくしています。カーシェアリング、シェア自転車、シェアハウスなど、「シェア」のつくモノをずいぶんと耳にするようになりました。

こうしたシェアリングが、「つながり消費」として付加価値をもたらすと考える向きもありましたが、現段階でその効果はあまり大きいとはいえなそうです。

実際に、カーシェアリングやシェア自転車などをみれば、事業者がプラットフォームとして介在して各種手続きを行っており、利用感としてレンタルと大差はありません。利用者も、買うより割安だからという動機が強いでしょう。

シェアハウスなどであれば、助けあったりネットワークができたりといった付加価値の発生も期待できるかもしれませんが、主だったシェアリングについては、誰かと「シェア」しているというよりは、共同利用ができる有償サービスを利用しているという感覚が本当のところでしょう。

たくさん持たずにたくさん使う文化

一方で、レンタルやシェアリングと同様の考え方ではありながら、よりたくさんのモノを持たずに使えることへの関心は高まっているといえそうです。

たとえば「サブスク（サブスクリプション）」サービス。これは、「利用権を購入する」という考え方で、月ごと・年ごとなどの決まった額を支払うことで、その期間の利用が可能となるものです。音楽や動画視聴、学習コンテンツ、アプリケーション、ファッション（洋服や小物）、自動車など、様々なもので展開されています。

たくさん服を買えばお金もかかる上に収納場所が必要、流行が終われば持っていても意味がないということにもなりかねないところを、様々な種類の服を好きなだけ着て返し、気に入ったら購入することができます。いろいろな服は着たいけれど、多くのモノを持ちたくないという志向を持つ人にはピッタリのサービスです。

このように、モノをコト化するサービスは、着実に人々の生活に定着しつつあるといえるでしょう。

まとめ

人によって異なる「モノ」とのつきあい方

　モノかコトか、の回答は半々で、男性より女性でコト消費志向が高い傾向があります。なんだかんだモノ志向も多いですが、若者のシェアリングの利用状況などをみるとコト消費は今後ますます伸びそうです。

　「いろいろなものを持つ・たくさん持つ＝豊か」ではなく、「ハピネス＝豊か」の意識がコト消費を支えています。フォトジェニックなSNS投稿は「ハピネス＝豊かな自分」の自覚なのではないでしょうか。

　また、レンタルやシェアリング、サブスクリプションは若者の利用を中心に、今後ますます伸びる可能性があります。所有せずに多様なモノを利用する人が増えるでしょう。

今どきの服の買い方のヒント

主席研究員　宮木由貴子

服1着を選ぶのはけっこう面倒

　若い女性を中心に「買い物が好き」という人は多いですが、情報が非常に多い昨今、服1着を選ぶにも、思うように選べないという側面があるのも事実です。実際、人は選択肢が多すぎると選ぶのをやめるという性質があります。これを「決定回避の法則」といいます。

　たとえば、そこそこの値段の外出着を1着、新調するために買い物に行ったとしましょう。百貨店であれば、フォーマルウェアでも「ブラックフォーマル」「カラーフォーマル」で分けていたり、婦人服売り場を「大きなサイズ」「小さなサイズ」や「トレンド」「モード」とジャンルで分かれているのが一般的です。一方で、ショッピングモールやアウトレットパークでは、ショップごとに分かれていますから、自分に合いそうなものをいくつかのブランドから絞り込んで回らなければなりません。

　それがインターネットであれば、ブランドだけでなくサイズや色などで検索ができますから店舗に行くより楽に思えます。ところがネットで検索すると、膨大な量の情報が出てきます。ネットショップサイトを複数回るとなると、しまいには選ぶのに疲れ果ててしまい、「そもそもなぜ服を買おうと思ったんだっけ?」という疑問すらわいてしまうなど、選び疲れてしまった経験がある人は少なくないのではないでしょうか。

私服の制服化を図る人

こうしたなか、「私服の制服化」を図る人が目立つようになりました。自分が気に入った同じ服を数着購入し、毎日制服のように着るのです。たくさんの服を持つより、パターンを保つことで、服選びやコーディネートなどの諸々の面倒から解放されるというわけです。一方、私服を選ぶのが面倒で、オフタイムもあえて学校の制服を着て出かける女子高生もいます。

いずれも「考える時間を省く」という側面があるようです。情報過多社会に生きる現代人にとって、「服選び」という情報処理に時間をかけたくないという人は少なくないようです。

実は有名人や政治家でもそのスタイルをとっている人がいます。いちいち「この服、○○のときに着た服だ」「前回のイベントでは何色を着たっけ」と考える面倒なしに、シンプルに身なりを整えられるだけでなく、スタイルを含めて人に覚えてもらいやすいというメリットもあります。この場合、何か1つアクセントになるもの(色やアクセサリー)があると、より覚えてもらいやすくなります。

サブスクリプションを楽しむ

さらに、服のサブスク(サブスクリプション)を使う人も目立つようになりました。ファッションのトレンドが変わると、せっかく買ったちょっと高価な服もすぐに着られなくなってしまうし、クローゼットが一杯になると自分の持っている服が把握できず、似たようなものを何度も買ってしまうロスが生じたりします。収納スペースにも限界があります。

そんなとき、サブスクを使えば、定期的に送られてくる服を使いたいだけ使って返せばいいので、収納もメンテナンスも必要ない上に、プロのスタイリストがコーディネートしてくれたりもするので、選ぶ煩わしさからも解放されるなど、複合的なメリットがあります。

実際に着てみて「これはどうしても欲しい」と思ったものは購入すれば
いいので、買い物の失敗を嫌う人にも重宝されているようです。「あの人
は本当にたくさん服を持っているな」と感じる人がいるなら、その人は実
はサブスクの利用者かもしれません。

3 経済状態と幸せの関係

金持ちは幸福感が高いのか

　幸福度得点と収入の関係をみると、収入が低い人で幸福度得点が低く、収入が高いと幸福度得点が高い傾向がみられます。経済的に恵まれていることは、幸福感を高めている一要素であることは否めません。

　ただしよくみると、収入の絶対額の高低というよりは、日常的に精神的なゆとりや経済的なゆとりがあると「感じているか否か」が、幸福度得点に影響しているようです。

　収入が低くても、精神的・経済的にゆとりがあれば、特段幸福感への影響は高くないということなのでしょう。高収入であることが直接的に幸福感の高さにつながっているというよりは、お金があるということがこうしたゆとり感を生んでいる可能性があります。

　また、収入が低くても幸福度得点が非常に高い人はいますし、収入が高いのに幸福度得点が非常に低い人もいます。こうした人たちの状況から、何か幸福度を高めるヒントは得られないでしょうか。

収入が高くなくても幸福度得点が高い人とは

　幸福度得点を精神的・経済的ゆとり感の有無別にみると、収入が高くなくても精神的・経済的ゆとりが「ある」と答えた人は、収入が高くてゆとりが「ない」とする人よりも、総じて幸福度得点が高い傾向にあります（図4-9）。保有する金融資産の金額別にみても、同様の結果が得られています（図4-10）。これらのことは、収入の高低よりも自分の生活におけるゆとりをどう評価しているかが、幸福感により影響を与えている可能性を示唆しています。

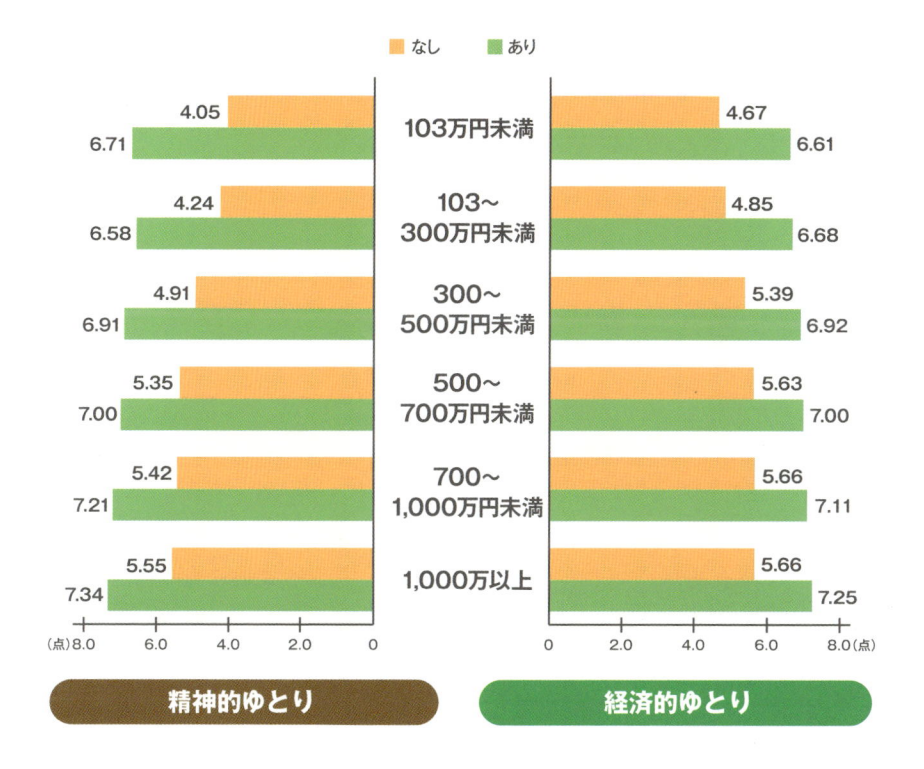

精神的・経済的ゆとり感の有無と収入別にみた幸福度 図4-9

■ なし　■ あり

精神的ゆとり

収入	なし	あり
103万円未満	4.05	6.71
103〜300万円未満	4.24	6.58
300〜500万円未満	4.91	6.91
500〜700万円未満	5.35	7.00
700〜1,000万円未満	5.42	7.21
1,000万以上	5.55	7.34

経済的ゆとり

収入	なし	あり
103万円未満	4.67	6.61
103〜300万円未満	4.85	6.68
300〜500万円未満	5.39	6.92
500〜700万円未満	5.63	7.00
700〜1,000万円未満	5.66	7.11
1,000万以上	5.66	7.25

　では、収入が高くなくても（世帯年収300万円未満）幸福度得点が高い人とは、どのような人なのでしょうか。

　収入が高くなくても幸福度得点が高い人は、健康であり、「今の仕事にやりがいを感じている」「収入が少なくてもやりたい仕事をしたい」と考えるなど、仕事自体を楽しむ傾向がみられます。また、「身辺のトラブルを一緒に解決してくれる人がいる」「病気で寝込んだときなどに手伝ってくれる人がいる」といった「手段的つながり」をもっている人や、「一緒に余暇や休日を楽しむ人がいる」人で幸福度得点が高い傾向がみられました。

　一方で、収入が高いにもかかわらず幸福度得点が低い人では、仕事へのや

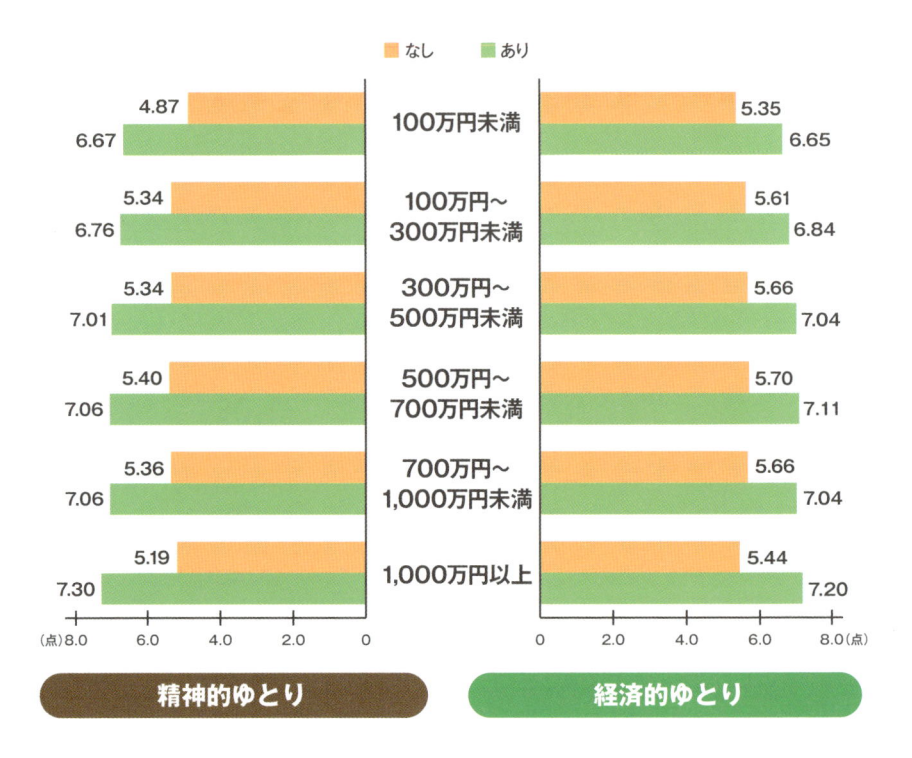

精神的ゆとり・経済的ゆとり感の有無と 金融資産別にみた幸福度

図4-10

■ なし　■ あり

	精神的ゆとり（なし / あり）		経済的ゆとり（なし / あり）
100万円未満	4.87 / 6.67		5.35 / 6.65
100万円～300万円未満	5.34 / 6.76		5.61 / 6.84
300万円～500万円未満	5.34 / 7.01		5.66 / 7.04
500万円～700万円未満	5.40 / 7.06		5.70 / 7.11
700万円～1,000万円未満	5.36 / 7.06		5.66 / 7.04
1,000万円以上	5.19 / 7.30		5.44 / 7.20

（点）8.0　6.0　4.0　2.0　0　　0　2.0　4.0　6.0　8.0（点）

精神的ゆとり　　**経済的ゆとり**

りがいが低かったり、今の仕事が自分に合っていないと考えている傾向がみられました。また、つながりについても、「ない」とする人で幸福度得点が低く、特に「能力や努力を評価してくれる人がいる」かどうかが幸福度得点の高さに影響していることが確認されました。

これらの点からも、仕事への充実感やつながりがあることが、幸福感を高める重要な要素であることがうかがえます。

年収300万円未満の人の健康・仕事・ネットワーク（幸福度水準別） 図4-11

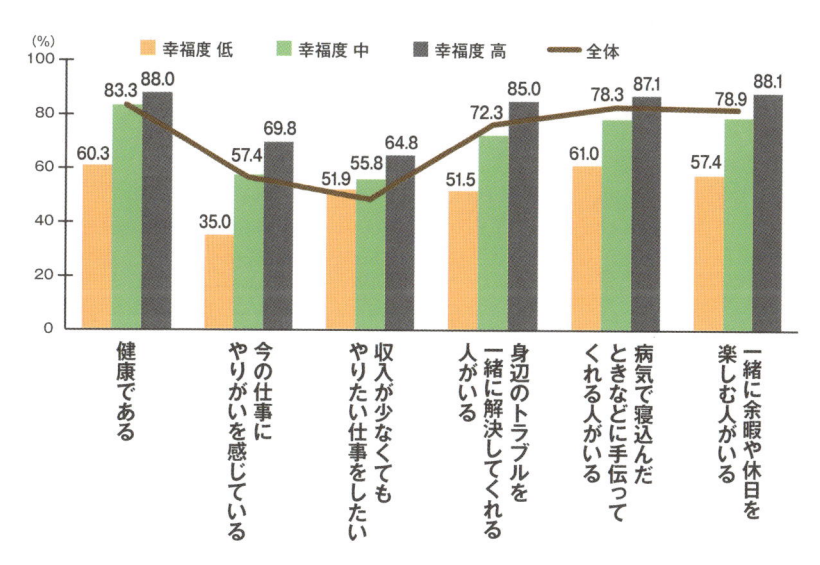

注：幸福度得点：高位8-10点／中位5-7点／低位0-4点。

人生100年を生きるのにいくら必要なのか

　住宅購入に伴うローン返済や子どもの教育費などの出費がようやく終わった時期から、「老後」とされる時期まで、それほど時間は多くありません。退職時に退職金がある人もいますが、退職金がない人や、それをローン完済にあてる人もいるでしょう。また、この時期は親の介護や自身の健康・治療にかかわる出費が発生している可能性も高いです。

　では、人生100年を生きるにあたり、特に老後に必要なお金はいくらくらいなのでしょうか。生命保険文化センターの調べによると、「必要と思われる老後の最低日常生活費」は、夫婦2人で月額平均22万円であるとされています。また、「ゆとりある老後生活費」としては夫婦2人で月額平均約35万円が必要とされています。これらは年金のほか、貯蓄などでまかなうことになりますが、

<table>
<tr><td colspan="2" align="center">**「使えるお金」と「使うお金」**　図4-12</td></tr>
</table>

使えるお金	使うお金
①給与収入	①社会保険料・税金（非消費支出）
②退職金・企業年金収入	②日常生活費
③公的年金収入	（現在の生活費～老後の生活費）
④私的年金収入	③子どもの教育費・結婚費
⑤その他の収入	④住宅関係費
⑥これまでの金融資産	⑤余暇・イベント費
	⑥けが・病気に対する入院・手術費
	⑦介護保険費（両親、本人、配偶者）
	⑧万一の場合の遺族補償

この金額をみて、自分にこれだけの準備ができるかどうか、不安に思う人は少なくないでしょう。

マネーデザインを行い、人とつながる

　こうした情報に触れ、「自分に準備できるだろうか」と不安に思う一方で、思考停止をしてしまう人が、実は非常に多いといえます。本来なら、「不安だから調べる・確認する」のが望ましいのですが、「将来のことだし、今考えても社会が変わるかもしれないから仕方ない」「何だかよくわからない」という意識で、検討を回避してしまうのです。

　確かに社会は変わるかもしれませんし、そもそも人の生活は多様で、かかるコストも様々です。夫婦2人で月額22万円も必要ないという人もいれば、月額35万円でも全然足りないという人もいるでしょう（ちなみに仕事への充実感と人とのつながりを多くもつ「スーパーボランティア」のO氏は、一人暮らしで月額5万5,000円の年金で十分暮らしているそうです）。

　まずは最低限、自分の生活に月額いくらかかっているのか、将来それがいくらになりそうなのか、を把握したいところです。

　また、社会には様々な制度が存在しており、それらを有効に活用することで

サポートを得られたり、支出を抑えたりすることができます。しかし、それらは自分自身が知らないと恩恵にあずかることはできません。「制度が複雑で理解できない」「手続きが煩雑で面倒」ということもあります。それなら、信頼できる相談者とつながることも1つの手段です。企業や専門家を利用することも一手でしょう。

現在は、「学んだ人」や「情報がある人とつながっている人」にメリットがある社会なのです。

「ゆとり感」と「つながり」が幸福感を高める

お金持ちに幸福度得点が高い人が多いのは事実です。ただし、収入の絶対額の高低よりも自分自身に「精神的」「経済的」にゆとりがあると感じているか否かのほうが、幸福感に及ぼす影響が大きいといえます。

また、仕事に充実感をもっていて、人とのつながりがある人では、収入が多くなくても幸福感が高い傾向にあります。老後に必要とされている金額だけで右往左往するのではなく、まずは自分に見合った額を具体的に把握することが重要でしょう。

老後の経済的準備
―公的年金の受け取り方のバリエーション（繰上げ・繰下げ）―

上席講師　馬場長利

　総務省の統計では高齢無職世帯（世帯主が60歳以上）の実収入のうち約85%が公的年金等の社会保障給付になっています。本来、公的年金の支給は65歳からですが、ライフスタイルに合わせて年金の受け取り開始を65歳より早くしたり（繰上げ）、遅くしたり（繰下げ）することができます。老後の経済的な準備手段として公的年金の受け取り方のバリエーションを考えてみましょう。

①公的年金の繰上げ

　65歳から受け取る年金は、最短で60歳になると繰上げて受け取ることができます。早く受け取ることができるのは大きなメリットですが、一方でデメリットもあります。1か月繰上げるごとに年金額は0.5%減額され、1年間では6%、60歳まで5年繰上げると30%の減額になります。
　繰上げ選択の現状をみてみましょう。「平成29年度厚生年金保険・国民年金事業の概況」（厚生労働省）によると、2017年度では国民年金の受給者約3,300万人中繰上げを選択した人は約450万人、割合は13.6%です。この割合は年々1%程度低下していますが、10人に1人以上が年金を早く受け取っています。定年が60歳の場合、65歳までの5年間の収入の空白期間を埋めることができます。

繰上げを選択する人が減少傾向にある背景には、改正高年齢者雇用安定法の施行により、65歳まで働けるようになったこと。また、働きながら年金を繰上げ受給すると在職老齢年金という仕組みにより厚生年金が減額されたり停止になったりする場合があることなども考えられます。

　一方、繰上げを選択するケースでは60歳以降働かない場合の他に、年金を早く受け取って元気なうちに活用しようというライフスタイルも関係があるのではないでしょうか。

　「平均寿命」は延び続けていますが、「健康寿命」との開きはなかなか解消されません。2016年調査では、男性の平均寿命が80.98歳で健康寿命は72.14歳。その差は9年近くあります。女性の場合は平均寿命が87.14歳で健康寿命は74.79歳。その差は12年以上になります。また、支出面でも60歳以降のピーク時と比較すると、75歳以上の高齢無職世帯の支出（消費支出＋非消費支出）は85％未満に低下します。

　年金の繰上げの選択も健康や支出のことを考えると、合理的な一面がみえてきます。

国民年金（老齢基礎年金）繰上げ例： 2019年度上限78万100円 　図4-13

	60歳	61歳	62歳	63歳	64歳	65歳
減額率	30%	24%	18%	12%	6%	0%
受給額	546,070円	592,876円	639,682円	686,488円	733,294円	780,100円

資料：日本年金機構ホームページより作成。

②公的年金の繰下げ

　繰上げとは逆に、65歳から受け取る年金は最長70歳まで受給を遅らせることができます。

　年金額は1か月繰下げるごとに0.7％増額し、70歳まで5年間繰下げると42％の増額となります。65歳受給時の年金額の1.4倍以上の

年金を70歳から生涯受け取ることができます。年金額が増えるのは大きなメリットですが、一方で繰下げている間は加給年金や振替加算などが受け取れなくなるデメリットがあります。

　繰下げ選択の現状をみてみましょう。既出の厚生労働省の資料によると、平成29年度では国民年金の受給者約3,300万人中繰下げを選択した人は約43万人、割合は1.3%です。繰上げ選択に比べるとかなり少ないですが、この割合は増加傾向にあります。

　2019年度発行の「ねんきん定期便」から新たに繰下げ受給の解説が掲載され、国がPRに努めていることもあって、これから注目されていくと考えられます。

　「人生100年時代」の視点で繰下げの効用を考えてみましょう。長寿はおめでたいことですが、長寿を将来の経済的リスクの要因の1つとしてとらえると年金の増額はリスク軽減のための有効な手段となり得ます。

　厚生労働省などの調査では、2015年に65歳になった男性は3人に1人、女性の5人に3人が90歳まで長生きするという結果が出ています。また、推計では2055年に65歳になる人の場合、男性は5人に2人、女性の3人に2人が90歳まで長生きすると見込まれています。

　長生きとなれば、気になるのは医療費や介護費です。特に介護については長期化の傾向にあり費用負担も多額になります。生命保険文化センター「生命保険に関する全国実態調査」（2018年）では、4年〜10年未満の介護期間が最多で全体の28.3%を占め、10年以上は全体の14.5%になります。

　居宅介護の場合は第一生命経済研究所の調査では月約6.7万円。施設介護（特別養護老人ホーム）の場合は厚生労働省の調査では月約10万〜14万円の実質的な費用がかかるという結果が出ています。事前の住み替えでサービス付き高齢者向け住宅などの入居を考えると、入居一時金その他の費用負担も必要となります。

　長寿化に伴う65歳以降の雇用環境の整備も期待されますが、長期的な視点で老後資金の準備を考えると、繰下げによる公的年金の増額

国民年金（老齢基礎年金）繰下げ例： 2019年度上限78万100円

図4-14

	65歳	66歳	67歳	68歳	69歳	70歳
増額率	0%	8.4%	16.8%	25.2%	33.6%	42.0%
受給額	780,100円	845,628円	911,157円	976,685円	1,042,214円	1,107,742円

資料：日本年金機構ホームページより作成。

は現実的な選択肢となります。

　なお、繰上げ・繰下げの選択にあたっては、事前に年金事務所でそれぞれのメリット・デメリットを十分に確認した上で行うことが大事です。

認知症の人の金融資産200兆円の未来

副主任エコノミスト　星野卓也

　高齢化がいっそう進んでいくなかで、今後検討すべき課題の1つとして、認知症にかかる人の増加とその財産管理があげられます。

　第一生命経済研究所では、認知症の人が金融資産をどのくらい保有しているのか、について政府統計などを用いて試算しました。その結果、その額は2017年度末時点で143兆円に上り、2030年度には215兆円に増加するとの結果になりました。これは、日本の個人金融資産の1割を占める規模になります。高齢化が進むにつれて認知症の有病率も上昇することが、これからも認知症の人の金融資産が増加していく理由です。

　認知症になると、その人が受けられる金融サービスには制限が掛かる仕組みになっています。その1つが銀行口座などの「凍結」です。口座が凍結されれば本人はもちろん、その家族もお金を引き出すことができなくなります。これは認知症の人のお金が意図せず犯罪などに使われることを防ぐための措置ですが、一方で高齢者が老後のために準備したお金を必要なときに使えない、という問題も引き起こしています。お金が世の中に回りにくくなることは、日本の経済にとってもマイナスです。

　政府は、これらの問題への対応として、「金融面の自身の情報（保有資産の状況など）を整理しておく」「金融資産の管理方針を決めておく」「必要情報を信頼できる者と共有する」といった対策をあげています。

　これらに共通するのは、病状が悪化する前の「備え」であることです。後見人に財産管理を委ねる成年後見制度や、家族信託の仕組みを活

認知症の人の保有する金融資産額（推計と将来試算）　図4-15

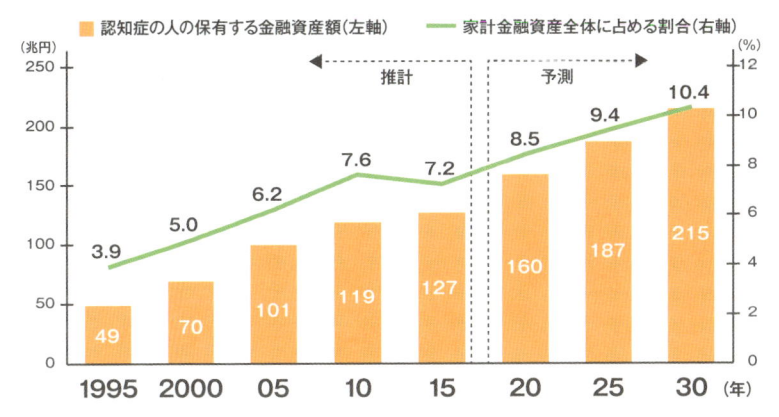

- ■ 認知症の人の保有する金融資産額（左軸）
- ― 家計金融資産全体に占める割合（右軸）

（兆円）

推計 / 予測

年	資産額	割合
1995	49	3.9
2000	70	5.0
05	101	6.2
10	119	7.6
15	127	7.2
20	160	8.5
25	187	9.4
30	215	10.4

注：マクロの家計金融資産額（実績は日本銀行「資金循環統計」、予測は第一生命経済研究所作成。2017
　　年度1,829兆円から2030年度には2,070兆円へ緩やかに増加すると予測）と総務省「全国消費実態調
　　査」における世帯主年齢階層別の金融資産データを用い、世帯主年齢階層別の保有家計金融資産額を
　　推計した。その世帯主年齢階層別の金融資産残高データと厚労科研研究における年齢別有病率を用い、
　　過去、将来の認知症の人の保有する家計金融資産額を試算した。各年齢階層の有病率は将来にわたって
　　一定と想定している。
資料：厚生労働科学研究成果データベース「日本における認知症の高齢者人口の将来推計に関する研究」
　　（2015年3月）、総務省「国勢調査」「全国消費実態調査」、日本銀行「資金循環統計」、国立社会
　　保障・人口問題研究所「日本の世帯数将来推計」をもとに第一生命経済研究所が試算。

用することも選択肢となるでしょう。老後のために貯めてきたお金が必要
なときに使えない──そんなトラブルを避けるためには、周囲とお金につ
いて話をしておく、専門家のアドバイスを受けるなど、事前に対策を立て
ておくことが大切でしょう。

幸せになる消費とは？

主席研究員　宮木由貴子

支援消費・応援消費に見られる「利他的」消費スタイル

　幸せな消費戦略として重要な点が、つながりの視点からもう1つあります。2011年の東日本大震災の際、被災地の商品・サービスを積極的に購入することで、その地域に貢献する「支援消費・応援消費」とい

SDGs（持続可能な開発目標）17のゴール　図4-16

資料：国際連合広報センターホームページ

われる消費スタイルが注目されました。これは、自分のためだけの利己的な消費ではない、生産者等の事業活動を支える、いわば利他的な要素を含む消費として注目されました。

その後、2015年に国連サミットで「持続可能な開発のための2030アジェンダ」にて「SDGs（持続可能な開発目標）」が提唱され、17のゴールと169のターゲットが具体的に提示された上で、「地球上の誰一人として取り残さない（leave no one behind）社会」が目指されることとなりました。カラフルなSDGsのロゴを見たことがある人もいるでしょう。

「よい」消費スタイルとは何か　Goods（グッズ）と共に Good（グッド）も交換

現在も、各地で災害等があると、その地域のモノを購入することで、その地域を支援しようという動きが起こります。これは、「モノを買う」ことが社会とつながっており、その買い方によって社会をよくすることができることを意味しています。消費社会は、生産者の「よいモノを提供しよう」という意識と、購入者の「よいモノを購入しよう」という意識によってよりよくなるのです。

「よい買い物」というと、単純に「質のいいモノを安く買うこと」であるととらえられます。この場合の「質」は、単にモノ自体の品質の良し悪しだけでなく、それが辿ってきた流通のプロセスにまで目を向けることが求められます。「よいモノ」とは、児童労働や違法な手段、環境を破壊するような方法で生産されたものであってはならないのです。

社会をよくする「ハピネス志向消費」

こうした消費は「エシカル（倫理的）消費」と呼ばれることもありますが、単純に自分も他者も社会も「幸せ」になることを意識する消費として「ハピネス志向消費」ともとらえてよいでしょう。「何が正しくて、何が倫理なのか」という難しいことはさておき、自分・他者・社会それぞれにとってメ

リットがある、誰かの犠牲の上に成り立っているのではない財・サービスを購入するような、ハッピーな消費スタイルを考える、その想像力と行動力が重要なのです。

企業活動として、「売り手よし、買い手よし、社会よし」の「三方よし」という考え方がありますが、今後は消費者自身もそうした買い方をより強く意識していく必要があります。「三方ハピネス」を意識した消費が、よい企業・生産者を育て、よいモノが社会に提供されるようになり、結果として消費者自身にメリットが還元されるのです。いわば「ハピネス循環型社会」です。

消費者を「エンドユーザー」ということがありますが、消費者は「終着点」ではなく、購買行動によってこの循環構造の一部を成しています。購買行動は企業や生産者に対する「投票行動」だという考え方もあります。消費者が「買う」ことは、よい企業や生産者を選び育てる行動となるのです。

このように、普段何気なく行っている買い物において、消費者は次世代の消費社会を創造する大きな責任を担っているということを意識することが求められます。

第5章

幸せな
「健康」戦略

主席研究員　　宮木　由貴子

 # 健康のために何してる？

　「人生100年時代」においてQOLを高めて幸福に生きていくには、健康という人生資産は欠かせません。もちろん、健康づくりに励んだとしても、常に健康でいられるとは限りませんし、加齢による機能の低下も避けられません。

　また、年齢にかかわらず大きな病気やけがをすることもあれば、もとより体の弱い人や病気・障害がある人もいます。それでも、自分の置かれた環境のもとで、できる限り健康を保っていけるようライフデザインすることが大事なのではないでしょうか。

健康増進のために行っていること

　図5-1をみると、継続的に健康維持・体力づくりに取り組んでいる人は半数程度ですが、50代までは男性のほうが多くなっています。また、健康診断結果を自分の健康管理に活かしている人も40代までは男性で多くなっています

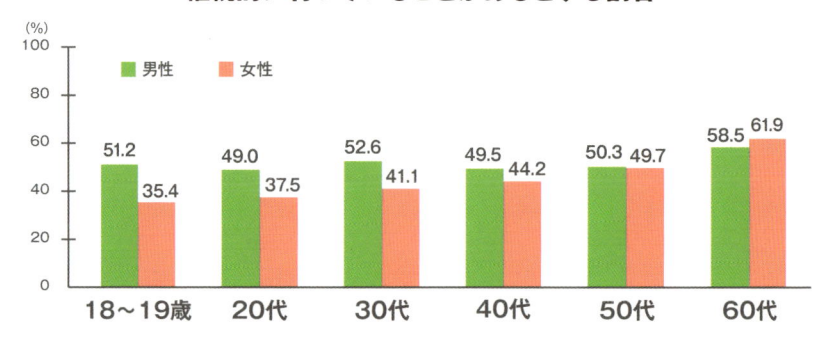

心身の健康の維持・管理や体力づくりのために、
継続的に行っていることがあるとする割合　図5-1

（図5-2）。特に20代、30代の男性は、健康に関するスマホアプリなどITを利用した健康管理を行っている人が3割を超えており、思いのほか意識が高いことがうかがえます（図5-3）。

それでは、男性は自分の健康への関心と同じように、妻の健康にも関心をもっているのでしょうか。

家族や友人との健康診断に関する情報共有は30代くらいから高くなり、その後年代が上がるにつれて高まります（図5-4）。自分自身の健康診断情報

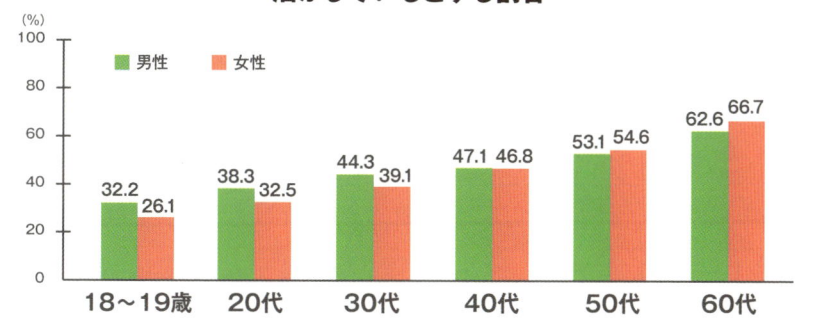

健康診断の結果を自身の健康管理に活かしているとする割合 図5-2

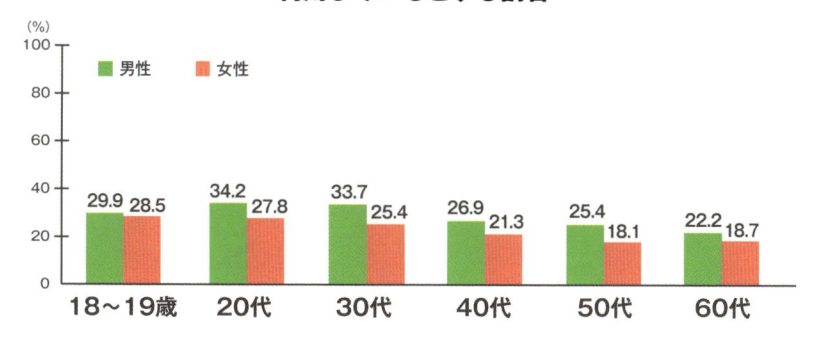

健康の維持・管理や体力づくりのために、スマホのアプリなどインターネットのサービスを利用しているとする割合 図5-3

の共有度合いについては、大きな男女差は見られません。ところがこれを夫婦で比較すると、夫の健診結果を把握している妻がどの年代でも7割前後である一方、妻の健診結果を知っている夫は半数程度にとどまります（図5-5）。女性は、仕事をしながら家事・育児をこなす忙しい日々のなかで、家族の健康には気を配っても、自分の健康管理や体力づくりがおろそかになる可能性があります。家族の健康も「人生100年時代」の大切な人生資産ですから、夫婦は

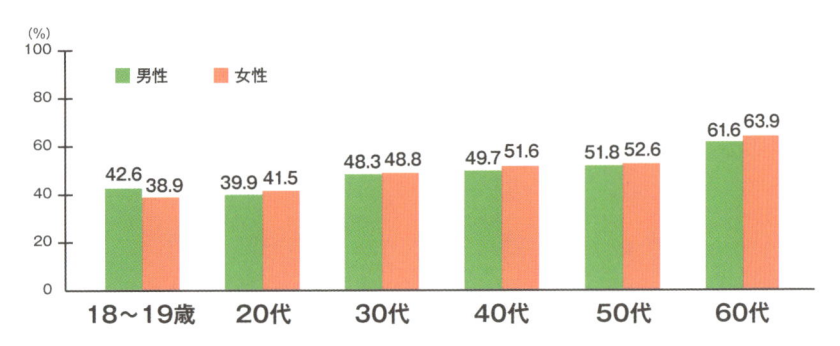

**あなたの健康診断の受診状況や結果を知っている
家族や友人がいるとする割合**　図5-4

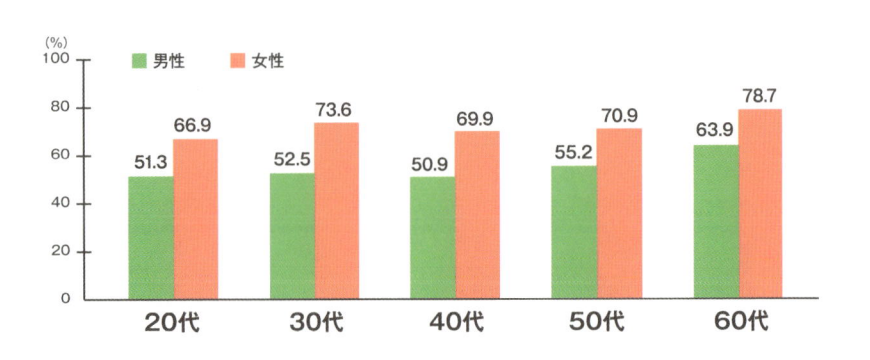

**配偶者の健康診断の受診状況や結果について
知っているとする割合**　図5-5

お互いの健康を気づかいあうことが大事です。

健康増進の原動力となるつながり

　健康増進のためには、いうまでもなく健康管理や体力づくりをしっかりと行っていくことが大切ですが、その際にウェアラブル端末（常に身体につけておくタイプの端末）やスマホのアプリなどを活用することも工夫の1つです。

　またそれらに加えて、近年注目されているのが、人とのつながりが健康に与えるポジティブな影響です。他者とのつながりがあることが健康によいと考えている人の幸福度得点は6.41で、そうではないとする回答（5.71）を大きく上回っています。幸福度得点の高い人ほど、つながりが健康によいことを自覚しているのです。

　特に中高年になると「健康」が話題になりがちですが、健康の話をする相手がいることで、健康が意識されたり、実際に健康が維持されたりといった側面もあるでしょう。つながりやコミュニケーションが健康のキーとなっている人は少なくなさそうです。

一人暮らしの健康意識

　他者とのつながりが健康のキーになっている一方で、一人暮らしの人が増えている今日、健康管理を自分だけで行わなければならない人も今後増えていくと思われます。

　そこで、一人暮らしの人のみのデータを性別・年代別に比較しました。その結果、健康維持の自助努力については、男性より女性で行われていないことがわかりました。10代、20代の一人暮らしの女性では、「心身の健康の維持・管理や体力づくりのために、継続的に行っていることがある」とする割合は30％台で、男性の同年代の一人暮らしにおける値が50％台であるのと比べてもかなり低いことがわかります（図5-6）。健康よりも美容に関心の高い世代とは思いますが、美容は健康の一部でもありますから、「健康」という観点から

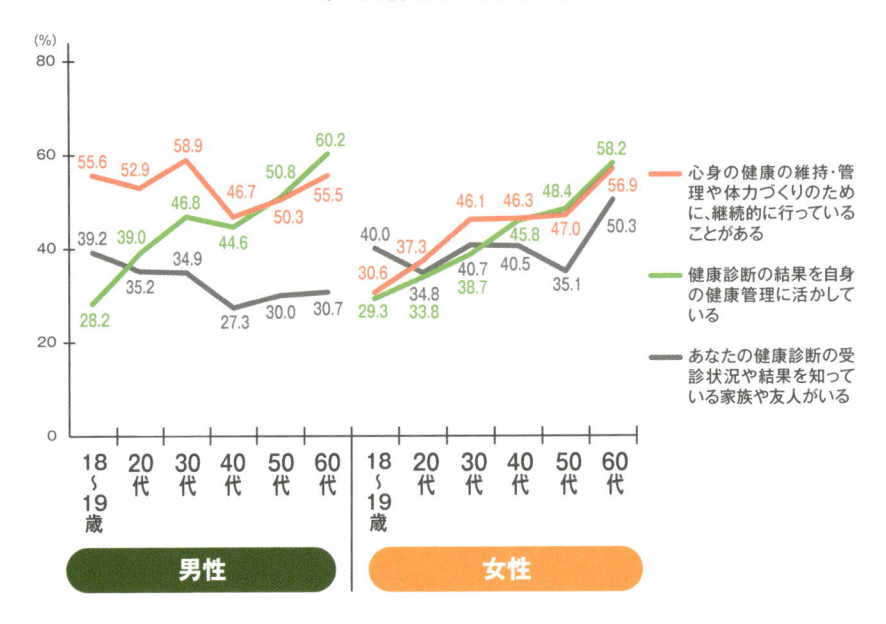

健康維持の自助努力と健康診断結果の活用・情報共有 図5-6
（一人暮らしの人のみ）

も自分の身体について考えたほうがよいかもしれません。

　年代が高くなると、一人暮らしにおける健康診断結果の活用度合いも高く
なっていきます。その値は、図5-2と比べてほぼ同じか若干低い程度です。

　一方で、健康診断結果の家族や友人との共有は図5-4と比べて低くなって
います。友人や離れて暮らす家族とは健康診断結果を共有する機会が少ない
ようです。一人暮らしであるにもかかわらず、女性の60代で他者との共有度合
いが高いのは、子どもが独立して一人暮らしになったケースなどで、離れて暮ら
していても家族との交流やコミュニケーションが男性よりも多いことや、友人と
の共有が多いことなどによるものと推察されます。

一人暮らしの健康意識を高めるモノは

　一人暮らしの健康維持・管理は、今後注目すべき課題の1つです。若い世代だけでなく、一人暮らしの高齢者の健康管理も重要なポイントです。たとえば、配偶者に先立たれた高齢女性が、配偶者と自分のためにつくっていた食事を、自分のためだけにはつくらなくなり、食事を自分の好きなものだけで簡単にすませるようになった結果、栄養失調になるケースも多いといいます。

　一人暮らしの人も、若年層を中心に人とのつながりが健康によい影響を及ぼすと感じています（図5-7）。さらに、健康によいと考えられているのがペットの存在です。一人暮らしでペットを飼っている人にとって、その存在が健康によいと考えている人は非常に多く、他者とのつながりを上回っています。特に、年代が高い一人暮らしの人で多くなっています。

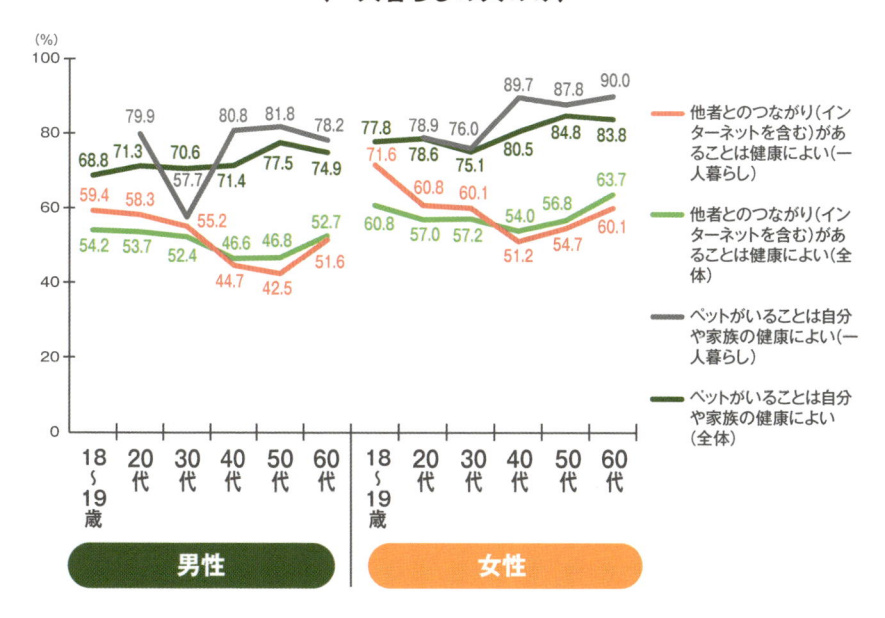

他者とのつながり・ペットの存在と健康（一人暮らしの人のみ）　図5-7

他者とのつながり（インターネットを含む）があることは健康によい（一人暮らし）

他者とのつながり（インターネットを含む）があることは健康によい（全体）

ペットがいることは自分や家族の健康によい（一人暮らし）

ペットがいることは自分や家族の健康によい（全体）

ちなみに、そう回答した人に最も多く飼われているのは「犬」でした。犬の散歩で定期的に外出し、毎日歩くこと自体が健康にプラスになるだけでなく、犬を連れた人同士（いわゆる「犬友」）のコミュニケーションも健康にプラスになっているのではないでしょうか。

　このようにつながりやコミュニケーションは健康に欠かせない要素なのです。

まとめ

心身の健康に今から留意を

　継続的に健康維持・体力づくりに取り組んでいる人は半数程度。20代、30代の男性ではスマホのアプリなどを利用している人が3割を超え、思いのほか意識が高いことがわかりました。逆に若い女性では健康が意識されておらず、健康診断結果なども活用されていません。美容に関心の高い世代ですが、健康の観点から美容を考えてみてもよいでしょう。

　夫婦間では、夫が妻の健康診断結果を把握していない傾向にある点が気になります。

　また、一人暮らしの健康維持・管理は、今後注目すべき課題の1つです。若い世代だけでなく、一人暮らしの高齢者の健康管理も重要です。つながりやコミュニケーションは健康維持活動のインセンティブになるなど、健康に欠かせない要素といえます。ペットとのかかわりも健康にプラスとなると考えられています。

健康長寿　鍵は「フレイル予防」

東京大学 高齢社会総合研究機構 教授　飯島勝矢

　老いは避けられないといわれているなかで、いつまでも自立して元気であり続けるためには、どのようなことに気をつけなければならないのでしょうか。

　最近、「フレイル（虚弱）」という新概念が構築され、我々の健康づくりにも新しい風が入ってきました。ヒトは自然の老いのなかで「健康⇒フレイル（虚弱）⇒要介護⇒終末期⇒看取り」という一連の流れを辿っていきます。フレイルは健康と要介護の中間の状態であり、自分の気づきや努力、および医師や専門家の適切な介入により様々な機能を戻せる可逆性がある段階です。

　フレイルとは、身体のあちこちが衰えてくる身体的フレイルだけではなく、心理的フレイルや社会的フレイルなど、多面的な要因が負の連鎖となって虚弱化が進行し、自立度を低下させてしまう概念なのです。

　フレイルの最大の要因は、栄養の低下や偏りを基盤として進行する筋肉減弱（サルコペニア）ですが、「もう年のせい」と思って軽く見てはいませんか。そうではなく、原点である「食」の重要性について、改めて我々国民が認識を新たにする必要があります。

　また、お口の些細な機能の積み重ねが身体全体の虚弱化につながるという、「オーラルフレイル」という新概念も世に出ています。栄養管理も大きな軸の１つとしたこのフレイル予防を国家戦略として位置づけ、高齢期において従来のメタボ概念（いわゆるカロリー制限）からフレイル予防（むしろしっかりとカロリー摂取）へとうまく切り替えていきたいですね。

「しっかり嚙んで、しっかり食べ、しっかり動く、そして社会参加を高く保つ！」という基本的な考え方を皆で再認識し、我々一人ひとりの生活に反映し直すことが、健康長寿の鍵となります。従来の介護予防事業からさらなる進化を遂げ、そして我々国民が自分の足元に転がっている身近なヒントをいかに拾い上げられるのかが重要です。

　そのためには、フレイル予防につながる「3つの柱（栄養〈食と口腔〉・運動・社会参加）」を自分自身のなかでいかに三位一体として自分事化し、行動に移せるのかが問われています。すなわち、フレイル予防とは、行政改革も行いながら、医療専門職および市民がともに加わりながら推し進めていく、まさに「まちづくり」そのものなのです。

　最後に、「自分の身体、変えられるの?」と思っている方々は多くいらっしゃるのではないでしょうか?　このReportを読んで、「いや、自分の身体は変えられるんだ！」と考え直すキッカケにしていただければ幸いです。老いることの意味を問い直す、そしてフレイルに立ち向かう。一緒にがんばっていきましょう！

2 「つながり」は健康を補完する

健康状態と幸福度得点

　健康状態と幸福度得点の関係をみると、現在健康だとする人でより幸福度得点が高い傾向があります。幸せに生きていくために健康維持・増進は重要といえます。ただ、健康でなくても幸福度得点が高い人もいます。そのような人の意識から、幸福であるための要素を考えてみます。

幸福であるためには何が必要とされているのか

　そもそも、幸福であるために何が必要であると人々は考えているのでしょうか。

幸福であるために必要だと思う要素（幸福度水準別）　図5-8

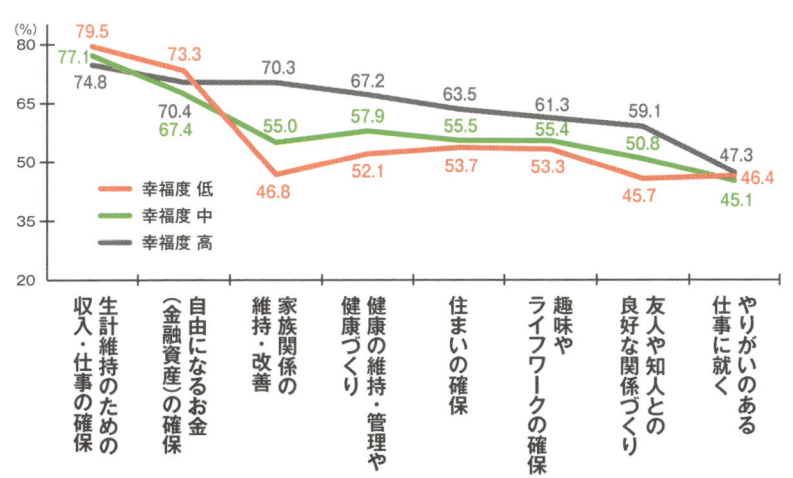

注：幸福度得点：高位8-10点／中位5-7点／低位0-4点。

現在感じている幸福感の程度別にみてみました。

まず幸福であるために必要だと思う要素として最も多くあげられたのは、「生計維持のための収入・仕事」と「自由になるお金（金融資産）」でした。この2つは、幸福度得点の高低にかかわらず、皆が必要だと考える幸福であるための要素です。ただ実際にそれらが満たされているかどうかをみると、当然かもしれませんが、幸福度得点が高い人のほうが充足していると感じています。

続いてあげられたのが、「健康の維持・管理」「家族関係の維持・改善」です。このように、「人生100年時代」をQOLを高めて幸福に生きていくための人生資産として「健康」「お金」、そして家族や仕事といった「つながり」が求められているといえるでしょう。

幸福であるための要素はどの程度満たされているのか

では、幸福であるための大事な人生資産はどの程度備えられているのでしょうか。幸福度得点の高い人たちの5割以上は、「家族関係の維持・改善」「住まいの確保」、4割以上は「友人や知人との良好な関係づくり」が充足していると答えています。

現在の幸福度得点が低い人たちとの差が大きな要素は、「家族関係の維持・改善」で、41.1ポイントもの差がありました。また、「友人や知人との良好な関係づくり」も25.4ポイントの差がついています。

このように、幸福度得点の高い人は家族や友人知人との良好な人間関係を築いている傾向にあるといえます。

健康ではないけれど幸福度得点が高い人とは

健康は、「人生100年時代」を幸福に生きていくための重要な人生資産であり、事実、健康な人は幸福度得点が高いという傾向にあります。しかし、一生懸命健康づくりに励んだとしても、必ずしも常に健康でいられるとは限りませんし、もとより体の弱い人や病気・障害がある人もいます。

幸福であるために必要だと思う要素の充足度 （幸福度水準別）

図5-9

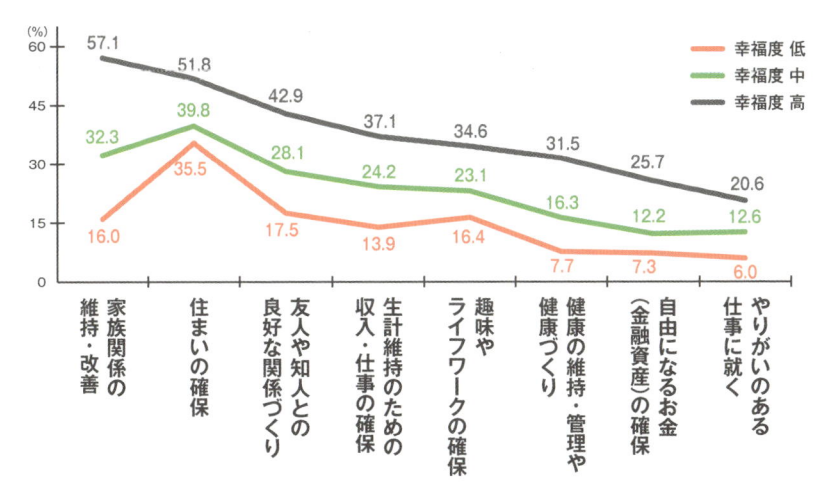

凡例：
- 幸福度 低
- 幸福度 中
- 幸福度 高

要素	低	中	高
家族関係の維持・改善	16.0	32.3	57.1
住まいの確保	35.5	39.8	51.8
友人や知人との良好な関係づくり	17.5	28.1	42.9
生計維持のための収入・仕事の確保	13.9	24.2	37.1
趣味やライフワークの確保	16.4	23.1	34.6
健康の維持・管理や健康づくり	7.7	16.3	31.5
自由になるお金（金融資産）の確保	7.3	12.2	25.7
やりがいのある仕事に就く	6.0	12.6	20.6

注：幸福度得点：高位8-10点／中位5-7点／低位0-4点。

それでも幸せな人生を過ごすためには、どのような視点をもてばよいのでしょうか。

健康状態が「あまり健康でない」「病気で療養中」の人のうち、幸福度得点が高い人（幸福度得点が高位：8-10点）について、全体平均と比較してみました（図5-10）。

まず幸福であるために必要だと考えている要素をみると、健康ではないけれど幸福度得点が高い人では、「健康の維持・管理や健康づくり」を幸福において必要と考えている割合が全体値より9.7ポイント高く、約7割を占めました。自分の健康状態がよくないという自覚があるからこそ、幸せにはまず健康が大事だと考えているのでしょう。その思いは、健康であることを当たり前に感じ、その維持管理にあまり関心をもたない人に向けた重要なメッセージになると感じます。

一方で、健康ではない人が「満たされている」と感じる幸福の要素は、「家族関係の維持・改善」が全体値を18.8ポイント上回り、トップとなっています。

（単位：%）

	必要と思うもの		満たされている	
	健康ではないけれど幸福度が高い人	全体値	健康ではないけれど幸福度が高い人	全体値
生計維持のための収入・仕事の確保	❶70.4	76.9	32.4	25.8
自由になるお金（金融資産）の確保	❷69.7	69.5	24.8	15.1
健康の維持・管理や健康づくり	❸69.1	59.4	19.1	19.0
家族関係の維持・改善	66.1	57.7	❶55.0	36.2
趣味やライフワークの確保	60.5	56.7	32.6	25.1
住まいの確保	59.6	57.4	❷52.0	42.4
友人や知人との良好な関係づくり	51.4	52.1	❸35.8	30.2
やりがいのある仕事に就く	42.7	46.0	15.0	13.6
職業能力の維持・向上（学び直し、キャリアアップなど）	15.7	21.7	6.4	4.5

このことは、たとえ健康面で課題があったとしても、たとえばつながりやコミュニケーションなど他の要素によって、QOLが高い人生を送ることができるのだという示唆を与えてくれます。

60代に聞く「働き続けるために40〜50代の時期にやっておけばよかったこと・やっておいてよかったこと」

「人生100年時代」を迎えつつあるなか、多くの人は「お金」と「健康」という人生資産の不足を不安に感じています。特に老後の生活が視野に入ってくる40〜50代にとって「お金」は実に悩ましい課題で、日々の暮らしや子どもの教育費、住宅費などにより、老後に向けたお金面での準備がなかなか進まないという現実があります。

また健康についても、どんなに健康に気をつけて生活をしていても、病気やけがを完全に免れることはできません。老後生活費は、長く働き続けることができればある程度補うことができるでしょう。しかし、働き続けるためにはある程度健康であることが求められます。

60代が「働き続けるために40〜50代に やっておけばよかったこと・やっておいてよかったこと」

図5-11

（単位：%）

順位	60歳以降も働き続けるため、40〜50代にやっておけばよかった・やっておけばよかったと思うこと	60歳以降も働き続けるため、40〜50代にやっておいてよかったと思うこと
1位	生計維持のための収入・仕事の確保（32.8％）	生計維持のための収入・仕事の確保（55.0％）
2位	ゆとりをもって働ける経済的ゆとり（金融資産）の確保（31.0％）	住まいの確保（38.0％）
3位	健康の維持・管理や健康づくり（28.5％）	健康の維持・管理や健康づくり（36.7％）
4位	職業能力の維持・向上（資格取得、学び直しなど）（21.1％）	生命保険・医療保険の加入・見直し（29.5％）
5位	趣味やライフワークの確保（19.1％）	友人や知人との良好な関係づくり（29.3％）
6位	生命保険・医療保険の加入・見直し（16.0％）	家族関係の維持・改善（28.3％）
7位	友人や知人との良好な関係づくり（14.7％）	趣味やライフワークの確保（27.7％）
8位	職業生活設計（キャリアプラン）の見直しや再構築（11.4％）	ゆとりをもって働ける経済的ゆとり（金融資産）の確保（26.9％）
9位	家族関係の維持・改善（11.2％）	職業能力の維持・向上（資格取得、学び直しなど）（25.4％）
10位	住まいの確保（10.4％）	職業生活設計（キャリアプラン）の見直しや再構築（12.7％）

注：「その他」「特にない」を除く。

　60代に「40〜50代の時期にやっておけばよかったこと」を振り返ってもらうと（図5-11）、「生計維持のための収入・仕事の確保」「ゆとりをもって働ける経済的ゆとり（金銭資産）の確保」といった「お金」周りのことが上位にあげられました。次いで「健康の維持・管理や健康づくり」となっています。

　一方で、「やっておいてよかったこと」についてみると、「生計維持のための収入・仕事の確保」に次いで、「住まいの確保」「健康の維持・管理や健康づくり」「生命保険・医療保険の加入・見直し」となっています。さらにこれに「友人や知人との良好な関係づくり」「家族関係の維持・改善」といった、つながりに関する項目が僅差で続いています。

　つまり、やっておけばよかったこととしては気づきにくいけれど、実際に対策や準備を行った人が「やっておいてよかった」と思うことが、「つながり」の確保のようです。つながりは、やはり「人生100年時代」における重要な人生資産の1つなのです。

「つながり」は健康を補完する

　現在健康だとする人は幸福度得点が高い傾向があります。しかし健康でなくても幸福度得点が高い人もいます。健康でなくても幸福度得点が高い人では、「家族との関係維持・改善」において満たされているとする割合が高く、良好な人間関係を築いている傾向にあります。

　60代の人が40〜50代に「やっておけばよかったこと」「やっておいてよかったこと」ともに、収入やゆとりの確保といった「お金」のことと、健康維持・管理や健康づくりといった「健康」のことが上位となっています。また、「やっておけばよかったこと」としては気づきにくいけれど、実際に行った人が「やっておいてよかった」と思うのが、「つながり」の確保です。

　人生資産の確保は高齢期だけの問題ではありません。若い頃から「人生100年時代」を見据え、これらを意識したライフデザインが大切です。特に「つながり」は「健康」を補完する重要な人生資産なのです。

健康でない人のQOL
―健康でない人のQOLは低いのか―

研究理事／第一生命保険 主任医長　島田勇作

　我が国では、「健康寿命の延伸」および「生活の質（Quality Of Life：QOL）の向上」を実現するための様々な取り組みが行われているように、健康であれば、QOLが向上するであろうことは容易に想像できます。では、健康でない人のQOLはどうなのでしょうか。

　「健康」は、WHO憲章の前文で「単に病気でないとか、弱っていないということではなく、身体的にも、精神的にも、社会的にも、すべてが完全に良好な状態にあること」と定義されています。しかし、「すべてが完全に良好な状態にある」人は必ずしも多くはありません。たとえば、日本人成人の糖尿病患者数は1,000万人を超え、その予備軍も合わせると約2,000万人になるといわれています。さらに高血圧の患者数は約4,300万人ともいわれています。

　このように、実は多くの人が必ずしも「健康」ではないことになります。それでは、糖尿病の人のQOLはどうなのでしょうか。糖尿病と診断されると多くの人は、「なぜ私が？」とか「食事制限でおいしいものが食べられなくなる」「きつい運動をしてやせなければいけない」などと思うことによって、QOLが大きく低下してしまいます。

　しかし、糖尿病の治療目標は、合併症の発症・進展を阻止し、「健康な人と変わらない日常生活の質（QOL）の維持、健康な人と変わらない寿命の確保である」（日本糖尿病学会）とされています。つまり、糖尿病の治療により本来はQOLを低下させてはならないのです。

「一病息災」と言うように、「糖尿病の食事を制限食だ」とネガティブに考えるのではなく、むしろ「健康食である」「糖尿病の診断を契機に健康により気をつけることができる」とポジティブに考えたり、「今まで運動をしなかったが、運動をすることによって体を動かすことの楽しみを知った」などと気持ちの切り替え1つでQOLが向上したりします。また、「料理教室に通う」「ジムに入会する」などにより、新たなつながりができQOLが向上することもあります。

　本書には、「人生100年時代」を迎え、QOLを向上させるための4つの寿命（生命寿命・健康寿命・資産寿命・つながり寿命）の重要性や、生き方・暮らし方・働き方・社会とのつながり方などを考える際の多くのヒントが詰まっています。ぜひ参考にしていただきたいと思います。

健康と就労
─生きることの輝きを放ち続けるために─

主任研究員　後藤博

就労の報酬は……

　健康とは、WHO（世界保健機関）の定義によると「単に病気でない
とか、弱っていないということではなく、身体的にも、精神的にも、社会
的にも、すべてが完全に良好な状態にあること」をいうとあります。

　経済社会のなかで暮らす私たちにとっては、就労を通じて得られる金
銭的、経済的な報酬のインセンティブは大きいといえるでしょう。しかし、
報酬はそれだけではありません。「褒められる」あるいは「自分で自分を
褒めることができる」といったこともある意味、報酬といえます。

　後者はつまり、自分による自分への報酬なのです。たとえば誰かのた
めに役立つということは、対価が得られないとしても、何かしら心が満たさ
れるのであれば、精神的な健康の保持につながるという見方もあります。
これは、人間が社会的動物である証なのかもしれません。

　いずれにせよ、健康な肉体と、精神状態でよりよい環境のもと、充実
感を得ながら人生を進み続けていきたいものです。

治療を受けながら、働く人はこれから増える

　治療を受けながら働く人が増えると見込むのは、雇用環境が整備さ
れ、高齢者がより多く働くことのできる社会が具現化されつつあるからで

す。現行制度では、希望者全員の65歳までの雇用を企業に義務付けています。この「65歳まで」というのを、70歳まで働けるようにするための法改正が本格的に検討されています。60〜64歳までの就業率は2018年で約7割に達していて、65〜70歳までの就業率もこの水準にまで達することが可能と政府は見込んでいます。

　現在、日本の労働人口の約3人に1人が何らかの疾病を抱えながら働いているとされています。慢性疾患の発症は高齢になるにつれて多くなる傾向があるので、70歳まで働ける環境が整うとなると、何らかの疾病を抱え治療を受けながら働く人が増えることは、想像するに難くありません。

75歳以上になっても、ずっと元気なお年寄りは少なくない

　「令和元年度版高齢社会白書」によると、75歳以上の要支援、要介護の認定状況は、認定を受けた人の割合が30%強となっています。残りの大半は、元気な高齢者であるとも考えられます。

　今、元気な方や症状が軽度の方は、できれば要介護とならないままで人生を歩み続けたいところです。それは、現役時代における必要な治療や適切なケアが、その後の生活の質にも影響してくるのだと思われます。

就労を通じた「つながり」からの発見・成長が人生の充実に

　老化に伴い身体能力が低下していくなかで、何に人生の充実を感じるのか、それは個人の主観によるところが大きいものではありますが、誰もがそれなりに充実を求めて生きています。

　「はたらく」とは周囲である「傍（はた）」を「楽（らく）」にさせる、役に立つとの説もあります。人生はまさに物語で、そこには単なる生存というだけでなく、社会的なつながりのなかで自分の物語を積み上げています。自分なりに重視する価値観を軸にして、それぞれが積み上げる物語

がお互いに重なったり離れたりしながら、それぞれの物語に影響しあっています。就労を通じた新たな価値発見や課題達成も成長、充実感を得ることに結び付いています。

したがって健康を維持していくことは、働くことの成果をより多く、より長く、享受し続けることにもつながります。そして働くことで得られた充実感はまた、身体機能の維持・向上への活力に、さらには働く意欲につながっていくのではないでしょうか。

就労にはそういった健康、成長との相互作用があるという前提で、時折、ご自身の就労を眺めてみてはいかがでしょうか。

移動性（モビリティ）と健康

主席研究員　宮木由貴子

高齢期の移動不安

　健康において、自由に移動ができることは非常に重要な要素です。少子高齢化が進むなか、特に都市規模の小さい地域に住む高齢者の今後の移動性（モビリティ）確保は、大きな課題となっています。実際に、高齢になったときの移動に不安があるとする割合は、都市規模が小さいところや日常生活において車が不可欠だとする人で特に高い傾向があります。

　元気に移動ができることは、多くのハピネスをもたらし、QOLを向上させ、身体をますます元気にさせます。自宅から300メートル程度のところに「行く場所」がある人は健康である傾向がみられるとの研究もあります。

どうする、運転免許証の返納

　そうした人が自由な移動手段を失った場合、急に外出が減り、心身の健康を害する可能性があります。たとえば、運転をやめたことでうつ状態となったり認知症を発症したりといったケースも聞かれます。鉄道やバスなどの公共交通機関が十分でない地域や、足腰が弱ってきた人にとって、自動車は欠かせない移動手段なのです。

　一方で、高齢者の運転による交通事故の発生が問題となっており、高齢者の免許返納と移動手段の確保が社会課題となっています。

経済産業省・国土交通省の事業として実施した「自動車・自動運転に関するアンケート調査」（2019年）によると、「免許返納が必要だと思う身近な人」の有無については、4人に1人は誰かしら「いる」としています。具体的に誰かを尋ねると、トップは「自分の父親（30.8%）」で、以下「祖父母（13.7%）」「自分の母親（12.8%）」と続きます。

　さらに、これらの人たちは今後どうすると思うかをみると、「自発的に免許返納すると思う」（25.0%）、「免許返納はしたくないと思うが、仕方なく返納すると思う」（26.6%）、「代わりとなる交通機関があるなど、移動手段が確保されれば返納すると思う」（14.4%）という人がいる一方で、「カギや免許証をかくすなどむりやりやめさせるしかないと思う」「危険な体験をするまでやめないと思う」「いかなることがあってもやめないと思う」と考える人たちが3割程度おり、家族等周囲の人たちを悩ませそうです。

免許返納が必要だと思う人の今後の行動　図5-12

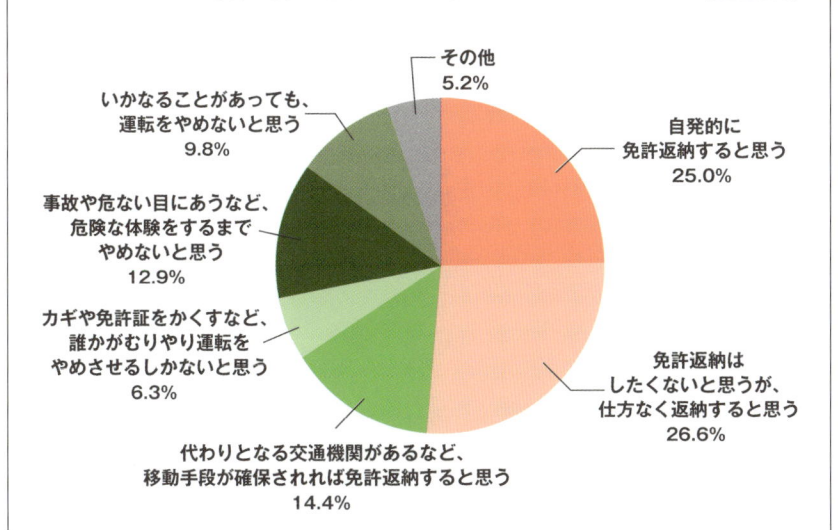

資料：経済産業省・国土交通省委託事業「高度な自動走行システムの社会実装に向けた研究開発・実証事業：自動運転の民事上の責任及び社会受容性に関する研究」における「自動車・自動運転に関するアンケート調査」（2019年）より

自動車の運転に対する自信（「あり」とする割合）

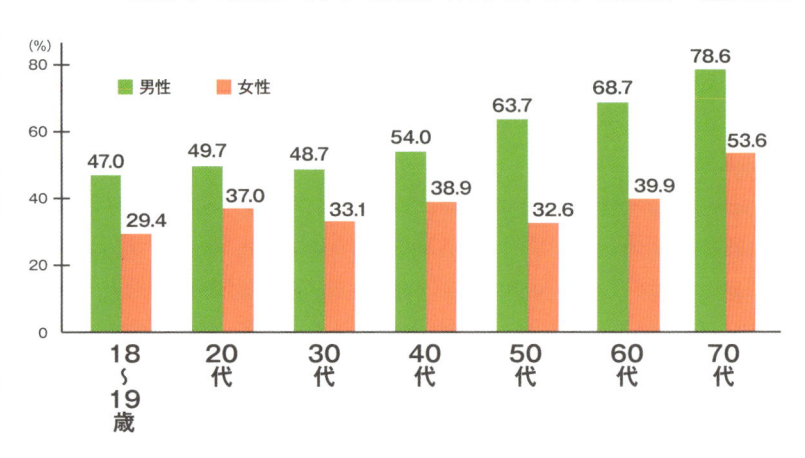

注：有免許者のみ。

資料：経済産業省・国土交通省委託事業「高度な自動走行システムの社会実装に向けた研究開発・実証事業：自動運転の民事上の責任及び社会受容性に関する研究」における「自動車・自動運転に関するアンケート調査」（2019年）より

しかも、運転への自信についてみると、男性を中心に年齢が高くなるほど「自信あり」とする割合が高くなっており、70代の男性では約8割が「自信がある」としています。自分自身の免許返納について尋ねると「自発的に行う」と回答する人が多いのですが、これだけ運転に自信がある高齢者が多いと、返納の時期を自分で見極めることができるかどうかが懸念されます。

「モビリティ・ライフデザイン」を考える

こうした課題に対し、企業や行政は自動車の安全性を向上させ、自動化の技術を導入することによって、運転寿命の延伸を図ると同時に、同じく自動運転技術を活用することでドライバー不足を解消し、無人バスのようなもので十分な移動手段が確保できるような方策を模索しています。

一方で、私たち自身が備えておくべき点もあります。たとえば、移動

手段として自宅周辺で何が使えるかを把握し、自家用車以外の多様な手段を考えてみたり、近所の人たちと話しあっていざというときの移動について協力体制を考えてみるのもよいでしょう。

　また、地方在住者等で自動車への依存傾向が高い人では、自宅から近い場所に行くにも車を使うなど、歩いて移動する習慣がない人がいます。こうした人は、免許返納後、バス停や駅に行くのも億劫に感じることでしょう。積極的に「歩く」という移動手段を日頃から選択肢に入れておくことも重要です。

　このように、「人生100年時代」を見据え、自分のモビリティ（移動性）についてもライフデザインを行ってみることが、健康というリソースを確保する上で重要といえるでしょう。

幸せな
「ライフデザイン」
戦略

主席研究員　宮木　由貴子

1 「人生100年時代」に 重要な「つながり」

なぜつながりが重要なのか

なぜ今、改めてつながりに注目する必要があるのでしょうか。人は1人で生きていくことはできません。家族や地域、会社といった集団に属し、様々なやりとりやコミュニケーションによって、お互いに不足したものを補いあっています。今後、こうしたつながりは様々な場面で、多様な形で、今まで以上に意識することが求められるでしょう。

それは、つながりがもたらす「楽しさ」という側面だけでなく、よりシビアな理由によるものです。

ますます増える一人暮らし

今後いっそう、つながりが重要となる理由として、第一に「人生100年時代」ともいわれる超長寿化により、一人暮らしになる可能性が高まることがあげられます。

近年、結婚しない人が増加していることもあり、一人暮らしは増加傾向にあります。また、自分のきょうだいや子どもがいない人も増えています。健康寿命の伸びに伴い、配偶者との死別後に一人暮らしが長期化する人も増えていくでしょう。

家族や親族だけに頼れない・頼らない

第二に、次世代に頼ることができなくなります。長寿化により自分の子どもも高齢者になるケースが増えていき、子どもが先に亡くなるというケースも珍しくな

くなるかもしれません。死亡年齢の分布をみると、男性であれば60代後半から、女性だと70代後半から死亡数が大きく増え、平均寿命より少しあとに死亡数のピークが来ています。つまり、親が90代で子どもが70代くらいだと、子どもが先に亡くなるというケースもありうるのです。

　また、子どもたちも老後に就労したり、社会参加を行うケースが多くなります。親の介護のために介護離職すれば、子ども自身が老後の生活費の確保や社会とのつながりの維持に行き詰まる可能性もあります。生活の持続可能性を長期的に考えると、高齢者となった子どもの負担が大きくなるようなことは避けるべきでしょう。

「人生100年時代」は他人と助けあうことが必要

　第三に、こうした時代においては、有償・無償にかかわらず、親族以外の人に助けてもらう生活が当たり前となります。赤の他人に身の回りの世話をしてもらったり、これまでまったくつながりがなかった人たちと一緒に暮らすケースも増えます。

　他人の力など借りたくない、知らない人に面倒を見てもらいたくないという気持ちをもつ人も少なくないでしょう。しかし、身内に頼れなくなる時代が迫っています。「人生100年時代」を生きるにあたって、人とのつながりを大切に思うことは、幸せに暮らすための重要な要素となるのです。

自分なりのつながりを築くメリット

　こうした現実を前にすると、人とつながることを大切にして、「お互いさま」の関係づくりを心がける人、そしてそれらを楽しむことができる人ほど、「人生100年時代」を豊かに生きられると考えられます。

　人とのつながり方は人それぞれですが、相手の気持ちを思いやる、独りよがりにならない、距離感に配慮するなど、経験や学習によって気づくこともあります。高齢期になって急に誰かとつながろうとしても、きっかけや距離のとり方に

戸惑うおそれがあります。

　人とのコミュニケーションは、経験を積むことで円滑に進められることもあるので、今から意識して少しずつでもつながりをつくっていくことが重要でしょう。

　また、序章でも述べた、「お金を増やすために働いたら、人とのつながりがたくさんできて、健康面でもよい傾向が出た」というケースのように、3つの人生資産には相互補完的な特徴があります。特につながりは、健康・お金といった人生資産の形成によい影響を及ぼします。たとえば、人とコミュニケーションをとったり楽しんだりすることで健康面によい影響が出たり、お金が不足していて有償のサービスを使えなくても、人との助けあいで問題を克服したり、といったようにです。

　つながりは、主体的な行動による「嬉しい・楽しい」というハピネスにつながりやすいほか、安心や精神的安定ももたらすという、「人生100年時代」における非常に重要な人生資産です。もちろん、つながりをもっていることでいやな思いをしたり、面倒なことに遭遇することもあるかもしれません。それでもこれからの時代、それを超える価値をつながりから得られるようになるでしょう。

　つながりにおいて重要なのは、自分にとって大切である、価値があると感じられるつながりをもつことです。つながりの量を意識する必要はありません。まずは1人とコミュニケーションを楽しんでみようというマインドセットが、一歩踏み出すアクションに結びつくことでしょう。

2 これから必要な リテラシーとは

情報社会は人を楽にしたのか

今後、情報通信のあり方が変化したり、人工知能（AI）などのテクノロジー（技術）が日常生活にどんどん入ってきます。こうしたことについて、私たちはどうとらえ、どう対処すべきなのでしょうか。

「今後の情報通信や人工知能などのテクノロジーの向上で生じる社会変化への対応」は、7～8割が「できる」と回答しました（図6-1）。また、「必要

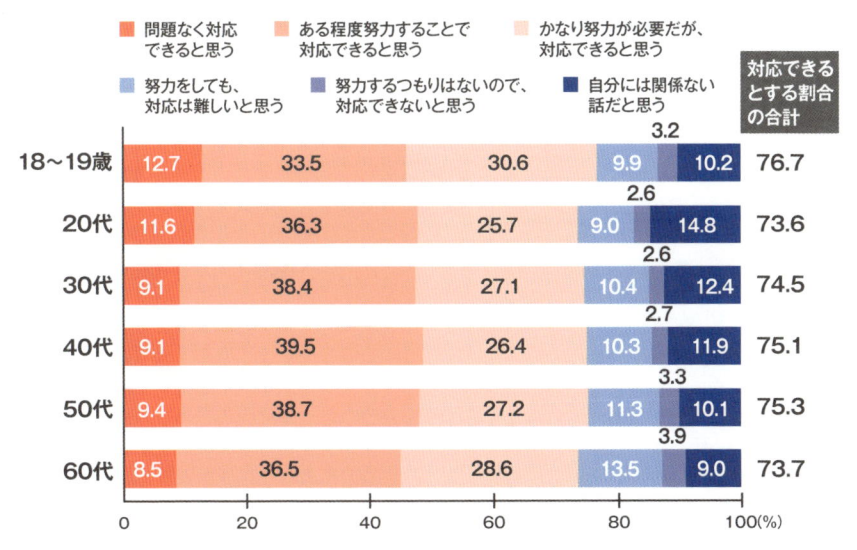

今後の情報通信や人工知能などの テクノロジーの向上で生じる社会変化への対応　図6-1

凡例:
- 問題なく対応できると思う
- ある程度努力することで対応できると思う
- かなり努力が必要だが、対応できると思う
- 努力をしても、対応は難しいと思う
- 努力するつもりはないので、対応できないと思う
- 自分には関係ない話だと思う

	問題なく対応できると思う	ある程度努力することで対応できると思う	かなり努力が必要だが、対応できると思う	努力をしても、対応は難しいと思う	努力するつもりはないので、対応できないと思う	自分には関係ない話だと思う	対応できるとする割合の合計
18～19歳	12.7	33.5	30.6	9.9	3.2	10.2	76.7
20代	11.6	36.3	25.7	9.0	2.6	14.8	73.6
30代	9.1	38.4	27.1	10.4	2.6	12.4	74.5
40代	9.1	39.5	26.4	10.3	2.7	11.9	75.1
50代	9.4	38.7	27.2	11.3	3.3	10.1	75.3
60代	8.5	36.5	28.6	13.5	3.9	9.0	73.7

注：小数点第2位以下は四捨五入して表記しているため、各数値の合計値と「対応できるとする割合の合計」は必ずしも一致しない。

な情報収集は自分でできる」とする人が8割弱となっています。「たくさんの情報の中から自分が必要な情報を中立的に選べる」については7割以上、「新しい情報や自分の関心のある情報について、自分から積極的に調べる」とする人が75%に及び、ネット予約なども7割以上ができると回答しました（図6-2）。

いずれの項目も、29歳以下（1990年以降生まれ）のいわゆる「デジタルネイティブ」世代で特に自信が高いという傾向は見られませんでした。

インターネットを中心とする情報通信技術はすっかり生活に定着し、利用者には新たな技術に概ね対応できるとの気持ちがあるようです。デジタルネイティブ世代にとっては現在の社会が当たり前なのでしょうが、それ以前の世代の人にとっても、なくてはならない生活インフラとして受け入れられてきているようです。

情報収集・情報処理の能力 図6-2

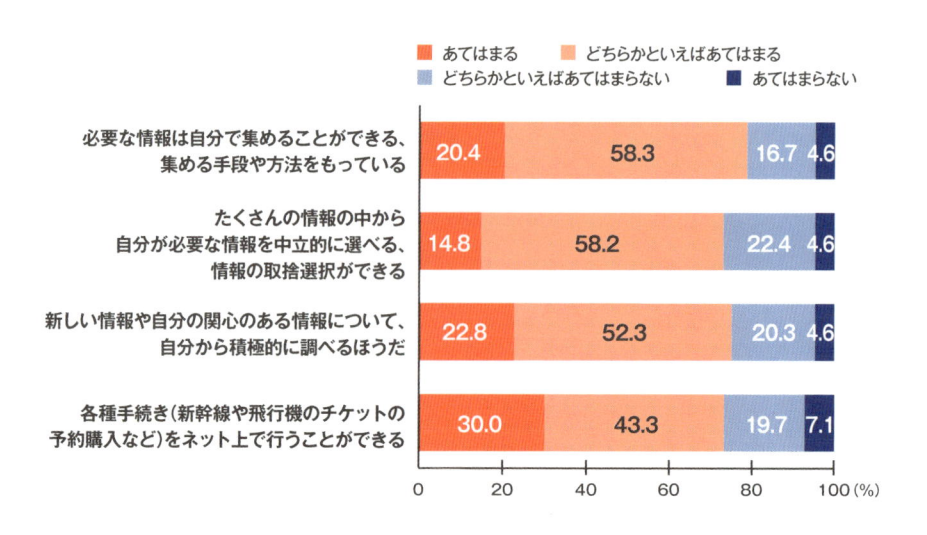

凡例：
- あてはまる
- どちらかといえばあてはまる
- どちらかといえばあてはまらない
- あてはまらない

項目	あてはまる	どちらかといえばあてはまる	どちらかといえばあてはまらない	あてはまらない
必要な情報は自分で集めることができる、集める手段や方法をもっている	20.4	58.3	16.7	4.6
たくさんの情報の中から自分が必要な情報を中立的に選べる、情報の取捨選択ができる	14.8	58.2	22.4	4.6
新しい情報や自分の関心のある情報について、自分から積極的に調べるほうだ	22.8	52.3	20.3	4.6
各種手続き（新幹線や飛行機のチケットの予約購入など）をネット上で行うことができる	30.0	43.3	19.7	7.1

デジタルネイティブの価値観を考える

　デジタル技術に乏しかった時代に若い時代を過ごし、その後これまで人の手で行ってきたことを効率重視でデジタル技術に「代替させて」きた世代に対し、デジタル技術を生活のなかで当たり前のモノとして生きてきたデジタルネイティブ世代は、何かをデジタル技術に「代替させている」という意識は低いでしょう。

　そうした世代にとっては、AIやIoT（Internet of Things：モノのインターネット接続）を抵抗なく受け入れる一方で、「あえて人の手で行う」ことについて、非デジタルネイティブ世代とは異なる価値を見出す可能性があります。

　非デジタルネイティブ世代の時代は、文書や手紙などを中心におつきあいのマナーやルールが存在していました。しかし、今日はそうしたものが特にネット上で意味をなさなくなっています。今日のコミュニケーションは、デジタルネイティブ世代を中心にネットでつながることと対面でつながることを別物ととらえて使い分けます。それにより、絵文字や写真などの非言語的（ノンバーバル）コミュニケーションを活用するなど、相手との距離感をたくみに調整し、相手に合わせた複雑なコミュニケーションが発生しています。

　マナーやルールといった「型」がないだけに、相手の意識や状況を「思いやる」スキルがこれまで以上に必要とされる時代なのです。

　「つながり」がますます重要となっていくこれからの社会は、デジタル機器を使いこなす意味でのコミュニケーションリテラシーではなく、相手を理解するリテラシーが今まで以上に求められるようになると考えられます。

つながりで強化するライフデザイン

　今回の調査結果から、多様な領域で様々なつながりをもつことが幸せへのヒントであり、有効な戦略であるという示唆を得ました。

　「人生100年時代」に向けた「健康」「お金」「つながり」という3つの人生資産のなかで、自助努力だけではコントロールしにくいのが「健康」です。どんなに健康に気をつけていても、病気やけがをすることはあります。「お金」

についても、年齢や健康などの制約により、思うように働き続けることができなかったり、予期せぬ出費があったりなど、目標額まで貯蓄できないこともあるでしょう。

そうした3つの人生資産のなかで、「つながり」は今からでも自分の力で形成・改善ができます。自分には「つながり」人生資産が少し足りないと思う人は、家族ともっと話す、近所の人にあいさつをするという身近なところから始めてみてはいかがでしょうか。

また、子どもや孫、ペットを介して、地域とつながりをつくるのも効果的です。もし何か困っていることがあれば、誰かに相談して助けを求めてみるのもよいでしょう。つながりをつくれない悩みを受け止めてくれるグループや行政機関もあります。

今後は、テクノロジーをいかに使いこなすかという点とは別に、人に手を差し伸べる・人の差し伸べた手をつかむといった、「つながる」リテラシーが、非常に重要になると考えられます。

社会は「つながり」戦略にシフト

主席研究員　宮木由貴子

「勝ち組競争」から「価値組み共創」へ

　つながりを重視して助けあう社会を構築しようとする動きは、個人の日常生活の側面だけでなく、企業活動においても提唱されています。2019年6月に、政府の知的財産戦略本部が「価値デザイン社会実

社会の変化　図6-3

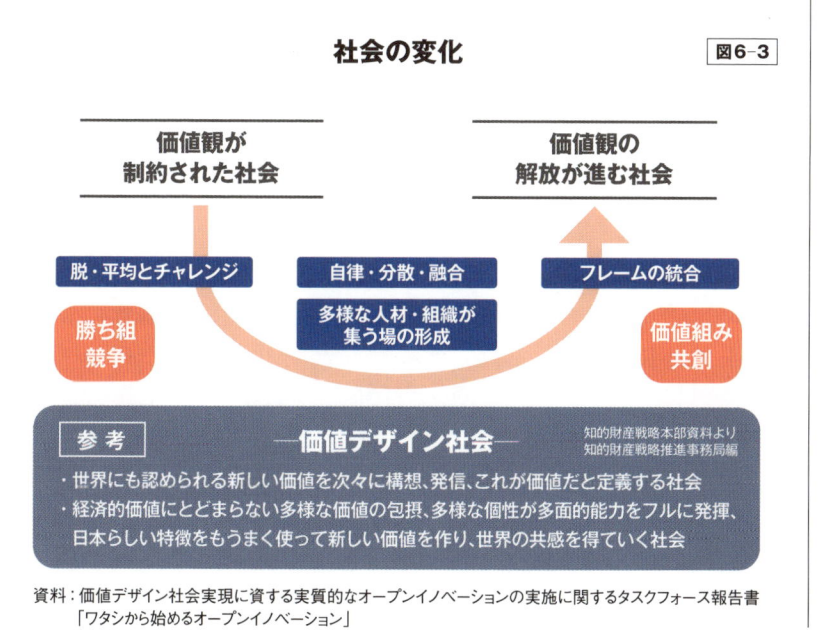

資料：価値デザイン社会実現に資する実質的なオープンイノベーションの実施に関するタスクフォース報告書
「ワタシから始めるオープンイノベーション」

現に資する実質的なオープンイノベーションの実施に関するタスクフォース」報告書として「ワタシから始めるオープンイノベーション」を公表しました（筆者も委員として参画しました）。

　そこでは、「様々な個性、価値観、能力が個々の主体に分散して存在するその社会においては、オープンイノベーションを通じてそれらが異質な他者のそれと融合することにより、新しいアイデアやビジネスが次々とデザインされ、世界の共感を得て、結果として社会に大きなインパクトを与える価値として実現することが極めて重要」とされています。

　人口の減少や少子高齢化など、数々の社会課題を抱える日本においては、企業同士が「競争する」「戦う」という既存のパイを奪いあう企業活動ではなく、「共創する」「つながる」という価値観での企業活動に転換することで連携し、新しい市場、新しい社会を形成していくことが求められているのです。

「想像し、創造する社会」に向けたデザイン

　このように、社会の変化や課題に向きあうために、個人や組織の価値観も形を変えていくことが求められています。そのためには、まず「こうありたい」と願う未来を想像（イメージ）することが必要です。社会変化は1人では行えませんので、仲間が必要です。

　そこで、実際に「こうありたい社会」を創造（クリエイト）するには何が必要なのかというイメージをコミュニケーションによって他者と共有し、誰が（自分が）何をすればよいのか、どんな知識や技術を持ち寄ればよいのかを設計（デザイン）し、それに向けて行動（アクション）を起こします。

　個人のライフデザインにおいても、同じことがいえます。将来自分がどうありたいのかを描き（イメージ）、少しでもそれに近づけていくために、今自分にどのような人生資産があるのかを考慮した上で、今何をしなければならないのかを考え（デザイン）、実際に行動（アクション）することで、自らの未来を創造（クリエイト）するのです。

幸せはいつも自分の心が決める

研究理事　山口良司

　私は、いつも研修のテーマに「幸せになるための」という枕詞をつけるようにしています。

　私は、講師業のレベルアップのために、今までいろいろな研修を傍聴してきました。ある日、相続対策の講座に参加したとき、何度もお見受けしたことのある方に声をかけてみました。「どうして、何度も研修に通われるのですか?」。その方は、「通えば通うほど心配になるからです」とお答えになりました。

　それから私は、自分の研修では、研修に参加してくださった方に、安心して帰っていただくだけではなく、できれば、少しは幸せになって帰っていただきたいと考えるようになりました。

　最近、国連の世界幸福度報告書2019（世界幸福度ランキング2019）が発表され、日本は対象国156か国中58位という結果でした。まあこんなものだろうと思う方もいるかもしれませんが、先進国最下位で、2012年の44位から徐々に順位を落としています。

　この調査は、「どれくらい幸せと感じるか」を10段階評価で聴取した結果と、1人あたりのGDP、健康寿命、寛容さ、社会的支援、自由度、腐敗度といった要素を指標化して順位づけしているそうですが、世界一幸せな国と言われたブータンは、この調査結果では95位でした。数値化できる指標はいずれも先進国が有利な指標だそうで、ブータンの人たちが、幸せと感じているなら誰が何と言おうと幸せなんだからいいじゃないか、点数化なんて大きなお世話だと思ったりもします。

日本では、慶應義塾大学大学院の前野隆司教授が、幸福学という学問領域で著名ですが、幸福学の名のとおり、まさに、どうしたら幸福になれるかを日夜、研究されています。教授はもともとロボットの研究者で、ロボットを研究するために、モデルとなる人間そのものを研究しているうちに、ロボットのようなつくり笑顔ではなく、心からの本当の笑顔はどうしたら生まれるか≒幸福になれるかに強く関心をもたれたそうです。

　有名なマズローの欲求5段階説によると、そもそも人間の欲求は、食事ができて身の安全が確保されるなどの生存の欲求から始まりますが、次には集団に所属したり、認められたいという欲求に昇華し、最後は自己実現の欲求を充たすことで最上の欲求（幸福）を得られるようです。

　人はそれぞれ、色の違う眼鏡をかけ、同じ物事もそれぞれの色（解釈）でしか見えないといいます。でも、私は、人間はやはり幸せになるために生きていると思いたいし、少なくとも積極的に不幸になりたいと思って生きている人はいない。その点だけは、同じ眼鏡をかけて、皆がそれぞれの幸せを追求できる世の中にしていきたいと思います。

　「しあわせは　いつも　じぶんの　こころが　きめる」という作品は、私の大好きな書家であり詩人の相田みつをの代表作の1つです。この短いメッセージには、氏の別の作品「うばい合えば　足らぬ　わけ合えば　あまる」が重なって完成するような気がします。

　有楽町の相田みつを美術館を訪ねて、氏の作品と静かに対峙しながら、まずは、自分にとっての幸せをゆっくりと探してみてはいかがでしょうか。

3 「人生100年時代」の高齢期とは

いつ「高齢期」を受容するのか

誰しも、高齢となることで認知機能や身体機能が低下することには不安を覚えます。たとえば、高齢者が運転免許返納を躊躇する理由として、自分の「できること」を自ら手放し、老いを認めることへの不安を口にする人がいます。これまで当たり前のようにできていたことができなくなった事実を認めるのは、非常にハードルが高いことなのです。

ですから、若い頃に「高齢期はこう生きよう」「こんな高齢者になろう」と考えていても、いざとなると自分に高齢期が訪れたこと自体が受け入れられず、思い描いていた高齢者になれていないケースが少なくないといえます。

こうした「まだ大丈夫」という感覚と実態とのギャップにより、様々なひずみが生じます。たとえば、自分の運転技術の過信による事故、「自分は絶対にだまされない」と思っていた詐欺トラブルとの遭遇、自らの病気や同世代の友人や家族の死といった、想定していなかったことや、わかっていてもまだまだだろうと思っていたことが発生し、初めて自分の「老い」を意識する人もいるようです。

生涯現役の意識をもち続けることは重要です。しかしそれはあくまで自分の状態に見合った形であるべきで、「自分の老いを認めないことが生涯現役」ということではないのです。

ライフコースの多様化による「高齢期」の不透明化

ライフコースが多様化し、高齢期の迎え方も様々となりました。未婚や子どもがいないというライフコースの人、40代以上で親になる人がいる一方、50代で孫をもつ人、70歳を過ぎてもフルタイムで仕事をしている人など、いわゆる

「高齢者像」のモデルが描きにくいのが今日の特徴です。

　似たようなライフコースの同年代の人と一緒に、という高齢期の迎え方ではなく、その時期が一人ひとり異なってきており、自分もいつのまにか高齢者になっている、という人が多いように思われます。

70代が思う「幸福の要件」

　70代の人たちが思う「幸福であるために必要なもの」で最も多かったのは、「健康の維持・管理」でした。これに「自由になるお金の確保」「住まいの確保」「趣味やライフワークの確保」が続いています。

　18〜69歳の結果と比べ特に差が大きかったのは、男女ともに「健康の維持・管理」でした。また、男性で18〜69歳の結果と差が大きかったのは「趣味やライフワークの確保」「住まいの確保」、女性では「友人や知人との良好な関係づくり」となっています。健康の維持・増進を心がけること、老後資金の確保に加え、友人や趣味・ライフワークの重要性を改めて感じている高齢者が多いことをみると、若い時期からつながりの確保を意識していくことが幸せに生きる意欲を持続させることにもつながるのではないでしょうか。

幸福であるために必要なもの　　図6-4

（単位：％）

		健康の維持・管理や健康づくり	自由になるお金（金融資産）の確保	住まいの確保	趣味やライフワークの確保	家族関係の維持・改善	友人や知人との良好な関係づくり	生計維持のための収入・仕事の確保	やりがいのある仕事に就く	職業能力の維持・向上（学び直し、キャリアアップなど）
18〜69歳		59.4	69.5	57.4	56.7	57.7	52.1	76.9	46.0	21.7
70代前半	男性	79.6	64.9	59.1	58.7	58.9	50.6	61.4	36.9	17.2
	女性	83.6	73.5	63.9	62.0	63.9	65.1	55.5	30.0	14.8
70代後半	男性	85.2	75.2	68.2	69.3	61.8	58.1	66.0	31.6	17.3
	女性	85.8	69.3	63.3	61.8	65.6	70.3	53.8	27.4	12.4

4 「人生100年時代」の幸せ戦略

幸せ戦略①

3つの人生資産の確保 図6-5

〈健康・お金・つながり〉

バランスよく
それぞれの人生資産を拡大していくことが
QOLを向上させ
「人生100年時代」を支える

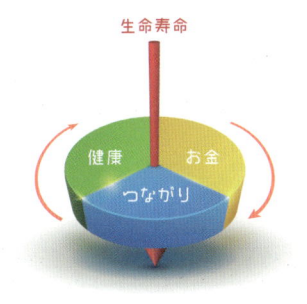

「人生100年時代」において、自分が望む人生や生き方を実現し、自分らしく生活していくこと、つまり自分なりのQOLを向上させるための「幸せ戦略」は、自分自身の3つの人生資産を見直すことから始めます。

具体的には、まず「健康」について自助努力で何ができるかを考えましょう。あわせて「お金」の現状を把握し、将来の収支や必要な備えを具体的に考え、現状でできそうな対策を練ります。これについては専門知識も必要となりますので、信頼できる金融機関やファイナンシャル・プランナーなどの専門家に相談するのも効果的です。

そして「つながり」については、自分の心の支えとなったり楽しく過ごせるネットワークと、いざというときに助けを求められるネットワークの2方面から考えてみるとよいでしょう。

重要なのは、そうして考えたものを具体的な行動（アクション）に結びつけ、とにかく始めてみることです。

幸せ戦略②

つながりで担保するレジリエンス　図6-6

つながりは
健康面・お金面の人生資産を補完・増強しつつ
しなやかで強靱な「折れにくい」人生を形成

社会参加・貢献活動は自己の満足感を高める
"人の力を借りる"能力も必要

社会の変化が速い上に、人生が100年もある時代、大きな社会変化や予期せぬこと、想像もしなかったことを体験する可能性も十分にあります。人より長く生きることで、周囲の人を見送る機会が増える人もいるでしょう。そういうときに気持ちや痛みを共有する人がいること、誰かに助けを求められることは、ダメージから立ち直る上で大きな力となるでしょう。

レジリエンスとは、「回復力」「復元力」を意味します。失敗したり傷ついたとき、つながりがあることは立ち直る上で大きな力となり、QOLを維持する上で非常に重要な要素となるのです。

また、「人を助けたい」という気持ちをもつことは、実際に社会における大きな力となるだけでなく、自らの幸福感を高める効果もあります。社会参加や貢献活動は、自分にとっても社会にとってもよいという「Win-Win」な結果をもたらすのです。

こうした、社会や人のため、さらに自分のためにつながりを活用して活動する

人は、いざというときに人に頼る勇気をもてるでしょう。人を助けた経験がある人は、その経験をもとに、助ける側の気持ちを理解しつつ助けられる人としての配慮もでき、上手に助けられる側に回ることができるのではないでしょうか。

　人に迷惑をかけてはいけない、何とか自分でがんばろうという意識をもつことはとても大切です。しかし、本当に困ったときや誰かを必要とするときに助けを求めることも重要で、能力を必要とするものではないでしょうか。

　「家族」や「つながり」の章でも述べていますが、「お互いさま」（ギブアンドテイク：Give &Take）は、まずは自分から与える「ギブ」から始めるのが、「テイク」を受け取る能力を育むといえるでしょう。

幸せ戦略③

自分の幸せに必要な要素を考える　図6-7

Quality of Life（QOL）
望む人生や生き方を実現する、より自分らしい生活を送る

① **Quality of Health Care**
どう心身の健康を維持・増進するか

② **Quality of Work & Consumption**
どう働き、どう消費するか

③ **Quality of Connectivity**
どんなつながりをどうもつか

　これまで、家族・就労・つながり・消費・健康の各領域について、その実態と「幸せ戦略」について述べてきました。しかし、これらに「こうすれば絶対成功」という正解はありません。望ましい働き方、満足できる生活水準、心

地よいつながりのもち方などは、すべて個人ごとに異なり、人の数だけ正解があるのです。

　序章でも、QOL向上とは一人ひとりが望む人生や生き方を実現することであり、何がそれをもたらすかは、それぞれ異なっていると述べました。重要なのは、自分にとっての心身の健康や幸せな働き方、お金とのかかわり方、つながり方を認識し、その方向に向けて行動することです。

　今は、「結婚して子どもをもつのが絶対に幸せ」とか、「家庭を顧みず自分は仕事に専念することが家族の幸せにつながる」とか、「1人でも多くの人とつながって、知り合いがたくさんいることが幸せ」といった特定の価値観を共有する時代ではありません。

　生き方・暮らし方の選択肢は増え、多様な選択を許容する世の中になりました。だからこそ、自分にとっての幸せとは何か、自分のQOLを高める生き方とは何かということについて自分自身で考えることが重要なのです。

幸せ戦略④

"幸せ"を感じるための行動と感性

図6-8

> 日々の楽しさ・面白さ・ワクワク感を求める
> マインドセットと楽しむスキル
>
> Goal（ゴール）としての"状態"を目指すのではなく
> Purpose（目的）を見据えた"行動"を追求し
> "状態"はその結果としてついてくるものととらえる

　自分が幸せなのかについて、日々考えている人は多くないでしょう。幸せを「幸せになる」という状態としてとらえていると、幸せに「なった」と感じた瞬間

は幸せですが、いつしかその状態が当たり前になってしまいます。しかも、資産がいくらあっても、どんなに健康でも、どんなにつながりが多くても、そのこと自体はもはや社会的な「勝ち組」とはされません。

大事なのは、自分が望む生き方・暮らし方はどのようなものか、そしてそれらから幸せを感じることができるか、そのために何をしなければならないかといったPurpose（目的）をしっかり考えてみることです。

人はとかく「幸せになる」（状態）ことをGoal（ゴール）として目指しがちですが、私たちには「幸せを感じる」ための、日々の楽しさ・面白さ・ワクワク感も重要です。こうした「ハピネスの体感」により、幸福感を体感し、QOLが高まるのです。目的を達成するためのプロセスをいかに楽しく、充実したものにするか。そのためにも、ライフデザインが必要なのではないでしょうか。

また、幸せを「感じる」ためには、感性も必要です。「楽しもう」とするマインドセットも、日々の「ハピネスの体感」には欠かせない要素なのです。

QOL向上がもたらす「幸せ」の構造　図6-9

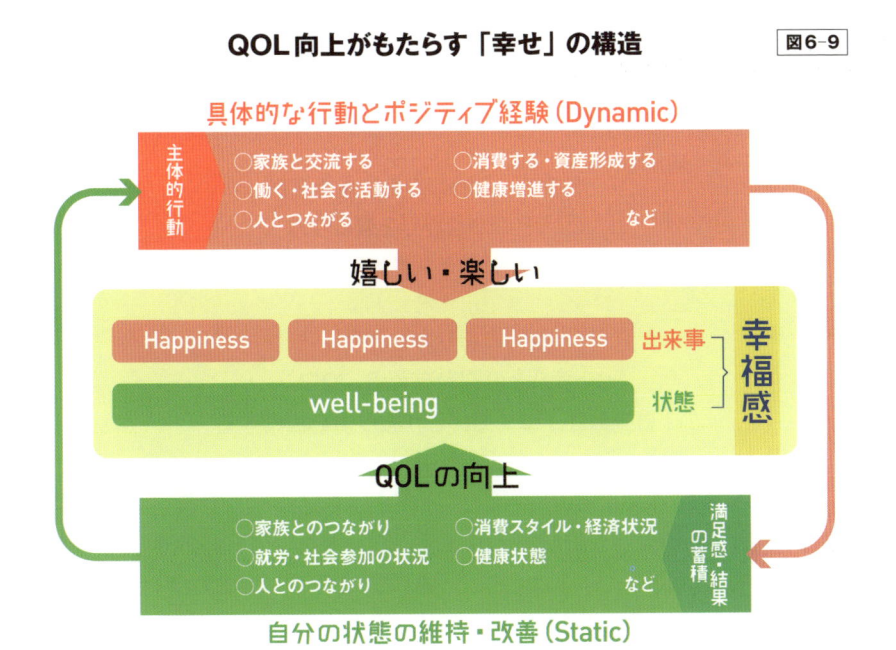

> 「楽しもうとする」ことから始める

　楽しい、面白いと感じる感性は、つながるスキルの向上にもつながります。女性はちょっとしたおしゃべりやつながりを非常に楽しむ傾向がありますが、こうした点も、幸福感が男性より高いという実態につながっているのかもしれません。

　普段楽しいことなんてない、幸せを感じることなんてない、という人もいるでしょう。しかし、ハピネスの体感においては、楽しいことや幸せが降ってくるのを待っているのではなく、自分から行動を起こし、「コレ楽しいかも」くらいから始めるのも手です。

　一説によると、口角を上げて笑顔をつくるだけで、脳が「笑っている」と誤認してホルモン（セロトニン）を出すのだそうです。このホルモンは、ストレス耐性を高めたり、痛みを緩和する効果があるとか。「笑う門には福来る」は科学的に立証されているようです。

幸せ戦略⑤

幸せかどうかを決めるのは自分

図6-10

①生き方・暮らし方を考える意識
②人とのつながりを楽しむ力
③日々のハピネスを感じる感性

自分のあり方を再考し
社会との調和を考慮しつつ
自分自身が幸せでいられる環境を模索する

　「幸せ」であるかどうかの統一的な基準がないなか、自分が幸せかどうかを決めるのは社会でも他人でもありません。幸せは「感じる」ものであり、それは個人の感性によるものといえます。

目に見える「勝ち組」基準が薄れ、幸せかどうかを決めるのが自分自身になったということは、これからの時代に幸せになれる人は「幸せを感じる力」がある人です。人が決めた幸せ基準に則らないと自分が幸せかどうかわからないという人は、残念ながらいつまでも幸せにはなれないでしょう。

　「人生100年時代」を幸せに生きるためには、「健康」「お金」「つながり」の3つの人生資産を自分基準で確保していくこと、そして、

　①生き方・暮らし方を「考える」意識

　②家族や友人知人、これまで知らなかった人とのつながりを「楽しむ」力

　③日々のハピネスを「感じる」感性

を培うこと、これらが「人生100年時代」の幸せ戦略であると私たちは考えます。

　100年も生きるのは不安、100年も生きたくないという声も聞かれるなか、100年人生を楽しくワクワク生きたい、ハピネスを感じたいというマインドセットは、自分の望む人生や生き方を実現し、QOLを高めて暮らしていくためにとても有効なものといえるでしょう。

　一人ひとりが自分のあり方を再考し、社会との調和を考慮しながら自分自身が幸せでいられる環境を考えてみることが、人生100年を豊かで「寿」なものにしていくに違いありません。

おわりに

　日本は、多くの課題を抱えつつも、少なくとも人類の長年の夢であった「長生き」を実現しました。しかし、「人生100年なんて不安しかない」「100年も生きられない、生きたくない」——そんな声が、老若男女問わず聞かれます。

　今よりずっと貧しく、不便であった時代に、日本人は「長生き」を夢見ていました。いつからこの国では、長生きが「寿（めでたい）」なことではなくなったのでしょうか。これほど長寿の日本であるにもかかわらず、幸福感の国際比較調査をみても、幸せだと感じている人が多い国ではないのです（むしろ幸せの度合いは下位です）。

　将来への不安が大きいこと、将来に夢を描けないことがその一因でしょう。皆が同じようなライフコースを歩もうとしていた「ライフデザイン1.0」の時代（昭和）は、周囲と同じようにしていればなんとなく大丈夫だ、という安心感がありました。

　それが「ライフデザイン2.0」の時代（平成）になると、「皆と同じようなライフコースを歩まなくてよい」という意識が浸透し、多様化が進みました。結婚や出産などのライフイベントは個人で選択できるようになり、私たちは「自由」なライフデザインを描けるようになりました。しかし自由には責任が伴います。情報化やパーソナル化が進んだライフデザイン2.0時代において、「将来はどうなるのか」という不透明な未来を感じつつ、人々は孤独感を抱え、自分自身で何をどう準備したらよいのかに不安を抱えていたといえます。

　「ライフデザイン3.0」の時代（令和）は、「将来はどうなるのか」ではなく、「将来をどう描くのか」という視点で人生を考える時代です。そして、自分が望む人生を送るために、柔軟に何度でもやり直すことができ、個人がその時どきの状況に合う生き方や働き方を選択する複々線人生を実現できる社会です。そのような社会では、一人ひとりが主体的に、能動的にライフデザインすることが求められます。

　そのような時代だからこそ、自分が望む人生や生き方を実現する、すなわち自らのQOLを高め幸せに生きていくために、「健康」「お金」「つながり」からな

る人生資産を、他の人と比べることなく、自分なりに形成していくことが求められるのです。

　本書では、人生資産のなかでも、特に「つながり」に注目しました。人とつながることで、新しい価値をつくり出し、相互に助けあうことが期待できます。今回、健康やお金だけでは得られない「幸せ」の源泉を「つながり」に見出すことができました。

　つながりは、「皆で」というライフデザイン1.0の安心感と、「自由に選べる」というライフデザイン2.0の多様性の、それぞれのよいところをもつ人生資産といえるでしょう。

　未来を想像し、創造する。
　幸せに「なる」視点から、幸せを「感じる」視点へ。
　つながることで、価値を生み出す。

　本書の重要なメッセージです。

　「人生100年時代」を幸せに生きるための議論は、始まったばかりです。
　本書がその議論の一助となり、多くの人から様々な意見やアイデアが生まれるきっかけとなれば、これほどの幸せはありません。

　最後に、本書の執筆にあたって多大なご尽力をいただいた、東洋経済新報社の清末真司氏、高関進氏、中野麻衣子氏に、この場をお借りして心より感謝申し上げます。

　2019年10月

株式会社　第一生命経済研究所

宮木由貴子

的場康子

稲垣円

「今後の生活に関するアンケート」の概要

（1）調査の概要

　本調査は、当研究所が実施してきた生活定点調査であり、人々の生活実態と意識を一部時系列で把握できるよう設計したものです。

　これまで1995年、97年、99年、2001年、03年、05年、10年、15年、17年に計9回の調査を行ってきました。第7回調査までは、住民基本台帳を利用して無作為に抽出した全国の満18〜69歳の男女個人を対象に、調査員による留置記入依頼法で実施しています。第8回調査からは、調査実施環境の変化等を踏まえて、調査方法をインターネット調査に変更しました。これにより、今までと比べて大きくサンプル数を増やすことができ、多様化の進む日本社会をより詳しく分析できるようになりました。今回の第10回調査では第9回調査をさらに上回るサンプル数で調査を実施しています。

　調査方法の変更にあたっては、先行研究等を参考に、これまでの調査手法との連続性を可能な限り確保することに留意し、データの質と時系列性を維持することに努めています。加えて、本年の実施にあたっては、前回調査を踏襲するものの調査対象者を70代も含めた設計へと変更し、長寿社会におけるライフデザインのあり方を検討するための基礎資料とすることを目指しました。

調査概要（第1〜7回調査）

調査対象	全国の満18〜69歳の男女個人
抽出方法	層化2段無作為抽出法
調査方法	留置記入依頼法
調査機関	社団法人中央調査社

調査	調査時期	標本数	有効回答数	書籍名
第1回調査	1995年1月19日～2月7日	3,000	2,352	ライフデザイン白書 1996-97
第2回調査	1997年1月10日～1月27日	3,000	2,372	ライフデザイン白書 1998-99
第3回調査	1999年1月22日～2月8日	3,000	2,210	ライフデザイン白書 2000-01
第4回調査	2001年1月19日～2月5日	3,000	2,254	ライフデザイン白書 2002-03
第5回調査	2003年1月22日～2月10日	2,000	1,472	ライフデザイン白書 2004-05
第6回調査	2005年1月12日～1月27日	3,000	2,128	ライフデザイン白書 2006-07
第7回調査	2010年1月9日～1月31日	3,000	1,986	ライフデザイン白書 2011年

調査概要（第8～9回調査）

調査対象	全国の満18～69歳の男女個人
抽出方法	調査委託先の登録モニターから国勢調査に準拠して地域（10エリア）×性・年代×未既婚別にサンプルを割付
調査方法	インターネット調査
調査委託先	株式会社マクロミル

調査概要（第10回調査）

調査対象	全国の満18～79歳の男女個人
抽出方法	調査委託先の登録モニターから国勢調査に準拠して地域（10エリア）×性・年代×未既婚別にサンプルを割付 70代（2,066サンプル）については、地域（首都圏、京阪神、東海、その他）×未既婚別に割付
調査方法	インターネット調査
調査委託先	株式会社マクロミル

調査	調査時期	有効回答数	書籍名
第8回調査	2015年1月29日～1月30日	7,256	ライフデザイン白書2015年
第9回調査	2017年1月27日～1月29日	17,462	「人生100年時代」のライフデザイン
第10回調査	2019年1月31日～2月6日	19,630	人生100年時代の「幸せ戦略」（本書）

（2）回答者の主な属性

第10回調査における回答者（満18～69歳）の主な属性は、次のとおりです。

（単位：％）

性別	男性	49.8
	女性	50.2
年代	男性29歳以下	8.9
	男性30代	9.3
	男性40代	11.1
	男性50代	9.5
	男性60代	10.9
	女性29歳以下	8.8
	女性30代	9.3
	女性40代	11.1
	女性50代	9.6
	女性60代	11.4

＊70代については全体値に統合せず、別途分析を行った。

〈編者〉

株式会社　第一生命経済研究所

第一生命経済研究所は、第一生命グループの総合シンクタンク。経済分野にとどまらず、金融・財政、保険・年金・社会保障から、家族・就労・消費などライフデザインに関することまで、さまざまな分野を研究領域としている。生活研究部門の前身は1988年に第一生命が設立したライフデザイン研究所であり、2002年に第一生命経済研究所と合併し現在の組織となった。独自のアンケート調査やフィールド調査にもとづくレポートの発信、セミナー事業の展開などを通じ、広く世の中に情報提供・提言を行っている。

ホームページ：http://group.dai-ichi-life.co.jp/dlri/index.html

〈著者〉

序章・第4章・第5章・終章　担当

宮木由貴子（みやき・ゆきこ）

株式会社　第一生命経済研究所　主席研究員
専門は、消費、コミュニケーション、自動運転の社会的受容性

第1章・第2章　担当

的場康子（まとば・やすこ）

株式会社　第一生命経済研究所　主席研究員
専門は、働き方改革、子育て支援策、労働政策

第3章　担当

稲垣円（いながき・みつ）

株式会社　第一生命経済研究所　主任研究員
専門は、コミュニティ、住民自治、ソーシャル・キャピタル、地域医療

〈制作協力〉

荒銭恵子（あらぜに・けいこ）　　　株式会社　第一生命経済研究所　部長
津田宣夫（つだ・のぶお）　　　　　第一生命保険株式会社　課長
　　　　　　　　　　　　　　　　　（前株式会社第一生命経済研究所　課長）
北村安樹子（きたむら・あきこ）　　株式会社　第一生命経済研究所　上席主任研究員
塩澤賢一（しおざわ・けんいち）　　第一生命ホールディングス株式会社　課長補佐
　　　　　　　　　　　　　　　　　（前株式会社第一生命経済研究所　副主任研究員）
井川澄子（いかわ・すみこ）　　　　株式会社　第一生命経済研究所　事務・広報担当
佐藤歩美（さとう・あゆみ）　　　　慶應義塾大学環境情報学部４年

〈統括〉

斎藤勝彦（さいとう・かつひこ）　　株式会社　第一生命経済研究所　取締役

人生100年時代の「幸せ戦略」
全国2万人調査からみえる多様なライフデザイン

2019 年 11 月 7 日発行

編　者——株式会社 第一生命経済研究所
著　者——宮木由貴子／的場康子／稲垣円
発行者——駒橋憲一
発行所——東洋経済新報社
　　　　　〒 103-8345　東京都中央区日本橋本石町 1-2-1
　　　　　電話＝東洋経済コールセンター　03(5605)7021
　　　　　https://toyokeizai.net/
イラスト………………本島享
装丁・本文デザイン……フラミンゴスタジオ
ＤＴＰ………………アイランドコレクション
印　刷………………東港出版印刷
製　本………………積信堂